Koch- und Backbuch Werra-Meißner

– Kirschen, Wandern, Ahle Wurscht –

Bäuerinnen der Bezirks-LandFrauenvereine Werra-Meißner

ISBN 978-3-86037-581-5

1. Überarbeitete Auflage

©2015 Edition Limosa GmbH
Lüchower Straße 13a, 29459 Clenze
Telefon (0 58 44) 971 16-0, Telefax (0 58 44) 971 16-39
mail@limosa.de, www.limosa.de

Redaktion:
Bäuerinnen der Bezirks-LandFrauenvereine Werra-Meißner

Lektorat:
Ulrike Kauber

Satz und Layout:
Zdenko Baticeli, Christin Brösel, Lena Hermann

Korrektorat:
Gerd Schneider

Unter Mitarbeit von:
Karin Monneweg

Medienberatung:
Martina Thiele-Sommerlade, Monika Dewath-Timmerberg

Gedruckt in Deutschland

Alle in diesem Buch enthaltenen Angaben, Ergebnisse usw. wurden von den Autoren nach bestem Wissen erstellt und von ihnen sowie dem Verlag mit größtmöglicher Sorgfalt überprüft. Dennoch sind Fehler nicht völlig auszuschließen. Daher erfolgen alle Angaben usw. ohne jegliche Garantie des Verlages oder der Autoren. Wir übernehmen deshalb keinerlei Verantwortung und Haftung für etwa vorhandene inhaltliche Unrichtigkeiten.

Das Werk einschließlich aller seiner Teile ist urheberrechtlich geschützt.
Jede Verwertung außerhalb der engen Grenzen des Urheberrechtsgesetzes ist ohne Zustimmung des Verlages unzulässig und strafbar. Das gilt insbesondere für Vervielfältigungen, Übersetzungen, Mikroverfilmungen sowie die Einspeicherung und Verarbeitung in elektronischen Systemen.

Bäuerinnen der Bezirks-LandFrauenvereine Werra-Meißner

Koch- und Backbuch
Werra-Meißner

Kirschen, Wandern, Ahle Wurscht

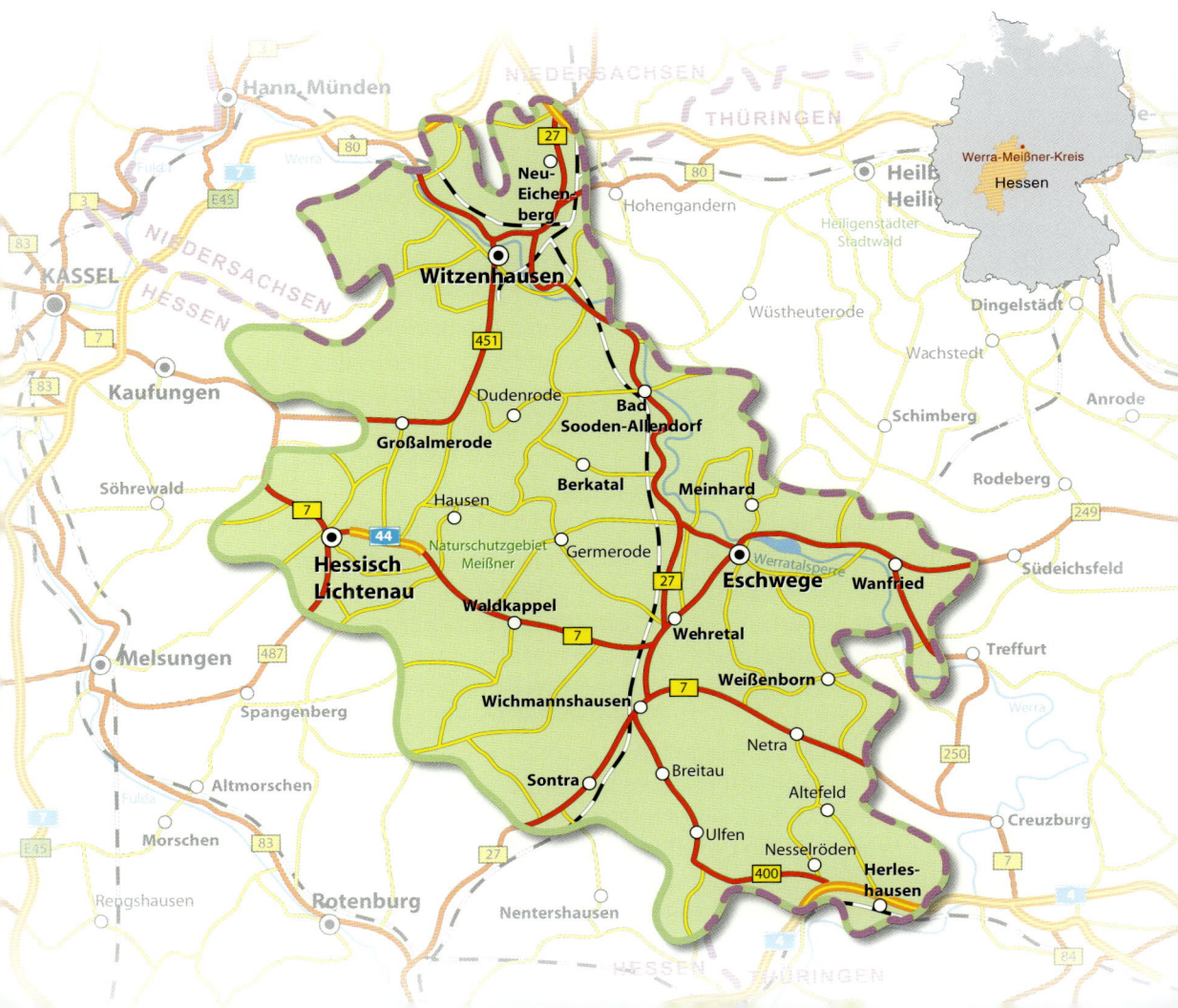

Die fünf Autorinnen: (v.l.) Martina Thiele-Sommerlade, Ingrid Baum, Ruth Dilling, Helga Kawe, Monika Dewath-Timmerberg

LandFrauen stärken die Region

Von Martina Thiele-Sommerlade, Oberhone

Freuen Sie sich auf ein abwechslungsreiches, interessantes und gut bebildertes Koch- und Backbuch aus dem Werra-Meißner-Kreis. Eigentlich sollte es ein Kochbuch werden, aber wir konnten Ihnen unsere vielfältigen und tollen Backrezepte nicht vorenthalten.
Wir, das sind fünf Bäuerinnen aus dem Werra-Meißner-Kreis, die mit viel Engagement und Freude zusammen an diesem Buch gearbeitet haben. Dadurch haben wir unseren Kreis neu kennen gelernt. Wir haben Gegenden besucht, die wir noch nicht kannten, und vertraute Gefilde neu entdeckt. Mit diesem Buch möchten wir Ihnen nicht nur kulinarisch Lust machen, sondern Sie auch einladen unseren schönen Kreis (neu) kennen zu lernen.
Wir fünf Bäuerinnen gehören alle zu den rund 2500 LandFrauen, die es im Werra-Meißner-Kreis gibt. Unser Kreis hat zwei LandFrauen-Bezirksvereine und 59 LandFrauen-Ortsvereine. Den Frauen in unserer ländlichen Region und Bäuerinnen sowie interessierten Gästen bieten die LandFrauen ein abwechslungsreiches Programm: Bildungsseminare, Handarbeiten, Gesundheit und Prävention, Vorträge, Reisen, Sport, Ausflüge, Ernährungsvorträge, singen im Land-Frauenchor, Frauenfrühstück, Bewegung bei Musik und Tanz, Computer- und Internetkurse und nicht zu vergessen unseren Bäuerinnen-Stammtisch.
Nur was ich kenne, kann ich auch schätzen. Deshalb ist es uns wichtig, Traditionen zu bewahren und dabei für Neues immer offen zu sein. Das Leben im ländlichen Raum braucht starke LandFrauen, damit wir auch in Zukunft viel bewegen. Wir wünschen Ihnen viel Vergnügen beim Durchstöbern unseres Koch- und Backbuches aus dem Werra-Meißner-Kreis!

Grußwort

Liebe Leserinnen und Leser,

wer kennt das nicht, man liest die Beschreibung eines Gerichtes im Kochbuch und malt sich aus, wie köstlich es wohl sein mag. Fast jedem ist dabei sprichwörtlich schon das Wasser im Munde zusammengelaufen.
Beim Lesen dieses Buches wird es Ihnen mit Sicherheit genauso gehen. Die Köstlichkeiten, die auf den folgenden Seiten auf Sie warten, sind Schätze aus unserer Heimat, die ja reich an Genüssen der vielfältigsten Art ist.
Lassen Sie sich also schon beim Lesen, und erst recht beim Nachkochen, zum Genießen verführen.
Den Autorinnen gebührt ein herzliches Dankschön für die liebevolle Auswahl und Zusammenstellung der Köstlichkeiten. Sie lassen uns praktisch in ihre Kochtöpfe blicken und verraten uns ihre besten und leckersten Rezepte.

So bleibt mir zum Schluss nur noch, Ihnen viel Spaß beim Kochen und anschließend guten Appetit zu wünschen.

Ihr

Stefan G. Reuß
Landrat

Die Werraschleifen bei Herleshausen. Hier trennt die Werra Hessen und Thüringen.

Landrat Stefan G. Reuß

Wünsche und Hoffnungen für das Gelingen dieses Buches

Wir möchten dazu beitragen, dass unsere schöne Heimat noch etwas bekannter wird.

Wir wollen es nicht besser können.

Wir konnten es nicht besser machen.

Wir möchten uns bedanken bei allen, die uns mit Bildern, Texten, Anregungen, Ideen, Ratschlägen, Anzeigen und Worten unterstützt haben.

Wir möchten uns entschuldigen bei allen, die wir vergessen oder übersehen haben.

Wir würden es wieder tun und hatten Freude daran.

Die LandFrauen und Bäuerinnen
Ingrid Baum, Monika Dewath-Timmerberg, Ruth Dilling,
Helga Kawe, Martina Thiele-Sommerlade

Das Landgrafenschloss in Eschwege

Aussichtspunkt Schwalbenthal am Hohen Meißner mit einem atemberaubenden Blick in das Werratal

Unser Werra-Meißner-Kreis

Von Martina Thiele-Sommerlade

Der Landkreis Werra-Meißner liegt im Nordosten des schönen Hessenlandes an den Landesgrenzen zu Thüringen und Niedersachsen. Er gehört zu den landschaftlich reizvollsten Regionen, die man im grünen Herzen Deutschlands findet. Seinen Namen hat der Kreis zum einen von dem Fluss Werra, der von Thüringen kommend durch den Kreis fließt, bis er in Niedersachsen, gleich hinter der Landesgrenze, mit dem Fluss Fulda die Weser bildet. Zum anderen ist der »Hohe Meißner« (754 Meter ü.NN) an der Namensgebung beteiligt. Er gilt als der König der Hessischen Berge und ist wohl der höchste in Nordosthessen. Bekannt ist der Hohe Meißner auch durch die Märchen der Gebrüder Grimm, denn auf dem Hohen Meißner soll Frau Holle heute noch ihre Betten ausschütteln.

Eine vielfältige Zahl an Gebirgen und Höhenzügen durchquert den Werra-Meißner-Kreis: Gobert, Ringgau, Schlierbachswald, Kaufunger Wald, Stölzinger Gebirge, um nur einige zu nennen. Durchflossen wird der Kreis von vielen Gewässern: Werra, Wehre, Sontra, Berka, Frieda, Gelster, Losse, Netra und viele mehr. Der Werratalsee bei Eschwege und der Grüne See bei Hundelshausen gehören zu den beliebtesten Badezielen im Sommer. Der Frau-Holle-Teich auf dem Hohen Meißner hat zu jeder Jahreszeit seinen Reiz.

Der Werra-Meißner-Kreis hat eine Größe von gut 1024 Quadratkilometern mit mehr als 100 000 Einwohnern in 16 Gemeinden und über 120 Dörfern. Reist man durch die Welt und sieht das Kfz-Kennzeichen ESW oder WIZ, so trifft man jemanden aus dem schönen Werra-Meißner-Kreis.

Heute liegen wir mitten in Deutschland. Dass es nicht immer so war, ist aus den beigefügten Berichten und Geschichten zu ersehen. Es lebte sich ruhig, zu ruhig am Ende der einst freien Welt. Die jungen Leute bekamen keine Ausbildungs- und Arbeitsplätze und so zogen sie fort, um ihre Zukunft gestalten zu können. Nur wenige kamen zurück, um mit ihren Familien hier zu leben. Die Bevölkerungszahlen sinken auch heute noch und die Anzahl der leer stehenden Häuser in den kleinen Orten ist nicht zu übersehen. Man freut sich über den Zuzug von Familien mit Kindern in den ländlichen Regionen, denn auch Kindergarten und Schule brauchen ihre Gruppenstärken. In vielen Dörfern kommen Bäcker und Metzger auf Rädern und bringen meist ein kleines Lebensmittelsortiment mit. Vereine, Gemeinschaften und das Ehrenamt sind eine große Stütze und Bereicherung des Für- und Miteinander im dörflichen Leben.

Feuerwehr, Sportvereine, Sänger, Musikgruppen und auch die LandFrauen tragen ihren Teil dazu bei.

**Burg Ludwigstein,
die Wappenburg des Werra-Meißner-Kreises**

Geschichten und Erzählungen

Unser Werra-Meißner-Kreis	7
Hausschlachtung und Ahle Wurscht	13
Witzenhausen – Kirschen- und Universitätsstadt	20
Mein Großvater	28
Der Natur auf der Spur	36
Eschwege – über 1000 Jahre alt und doch so jung	44
Bärlauch im Ringgau	50
Kloster und Kirche Germerode	56
Schottisches Hochlandrind ...	62
Bergwildpark Meißner	68
Das Fräulein von der Boyneburg	77
Unse Backhus	82
Das gute alte Duckefett	88
Erntedank und Heimatfest in Bad Sooden-Allendorf	95
Der Hohe Meißner	100
Frau Holle – wie es wirklich war	110
So ist das Leben – nehmen und geben	120
Mein schönstes Geburtstagsgeschenk	134
Der Ringgau –	
Felsenburg zum Wandern, Träumen und Genießen	148
Handel und Wandel	158
Holunder und Holla	164
Wanfried	170
Hausen – höchstgelegenes Dorf in Hessen	178
Museen, die Geschichte erzählen	184

Wenn diese Solitäreiche erzählen könnte ...

Inhalt

LandFrauen stärken die Region	4
Grußwort	5
Wünsche und Hoffnungen für das Gelingen dieses Buches	6
Salate und Vorspeisen	10
Suppen und Eintöpfe	24
Gemüsegerichte und Vegetarisches	32
Kartoffelgerichte und Beilagen	40
Nudelgerichte und Aufläufe	47
Fleischgerichte	58
– mit Schwein	58
– mit Rind	63
– mit Lamm und Geflügel	67
Fischgerichte	74
Aus der regionalen Küche	80
Süßspeisen und Desserts	96
Backwerk	104
– Kuchen	104
– Torten	128
– Kleingebäck	146
Bowlen, Liköre und Marmeladen	154
Holunder-Köstlichkeiten	164
Was es sonst noch gibt	174
Begriffserläuterungen	186
Maße und Gewichte	187
Abkürzungen	187
Rezeptregister nach Kapiteln	187
Bildquellennachweis	192

Wenn nicht anders vermerkt, sind alle Rezepte für vier Personen ausgelegt.

Ein »kleiner Fuchs« im Blütenmeer

Salate und Vorspeisen

Feldsalat mit Joghurt-Speck-Soße

150 g Feldsalat	waschen und trockenschleudern. Für die Joghurtsoße
1 Zwiebel	abziehen, fein würfeln und mit
200 g Vollmilchjoghurt	
1 EL Zucker	
1 Msp. Salz	
1 EL Weißweinessig	sowie
2 EL Öl	verrühren. Nun
100 g Schinkenspeckwürfel	in einer Pfanne auslassen.
1 rote Zwiebel	abziehen, fein würfeln und dazugeben. Den Feldsalat auf Tellern anrichten und mit reichlich Joghurtsoße übergießen. Die heiße Speck-Zwiebel-Mischung darüber verteilen und sofort servieren.

Salat in allen Variationen schmeckt frisch aus dem Garten am besten.

Fjordpferde bei Hilgershausen

Salate und Vorspeisen

Kohlrabimedaillons (ergibt 4 bis 6 Portionen)

2 große Kohlrabi	schälen und in 1,5 cm dicke Scheiben schneiden.
300 g körniger Frischkäse	auf die Kohlrabischeiben streichen,
frische Kräuter (Petersilie, zarte Kohlrabiblätter)	darüberstreuen. Jetzt
3 Fleischtomaten	waschen und in Scheiben schneiden, die Stielansätze entfernen. Die Kohlrabi mit den Tomatenscheiben belegen.
4 TL Öl	in 2 beschichteten Pfannen mit Deckel erhitzen, die Medaillons hineinlegen. Je Pfanne 80 ml von
160 ml Gemüsebrühe	dazugeben und bei kleiner Hitze etwa 20 bis 30 Minuten dünsten.
120 g Edamer in dünnen Scheiben	etwa 10 Minuten vor Ende der Garzeit auf den Medaillons verteilen und schmelzen lassen. Wenn die Kohlrabi gar sind, auf vorgewärmte Teller geben und servieren.

Der Herbst kündigt sich an.
Kraniche fliegen in Scharen nach Süden.

Salate und Vorspeisen

Carpaccio von »Ahle Wurscht«

Von Tina Hildebrand, Oberhone

1 Stück »Ahle Wurscht« (ca. 10 cm lang)	in hauchdünne Scheiben schneiden und nebeneinander auf einem flachen Teller ausbreiten.

Dressing

1 EL Walnussöl	mit
1 EL milder Essig	
1 TL Senf	und
1 TL Gurkenbrühe	gut verrühren und mit
Salz, Pfeffer (frisch gemahlen)	kräftig abschmecken. Das Dressing über die »Ahle Wurscht« träufeln.

> Sollte die »Ahle Wurscht« zu weich sein, diese für eine Weile in das Tiefkühlfach legen.

Radieschen-Gurken-Relish

2 große Gewürzgurken	sowie
4 Radieschen	sehr fein hacken. Auf der Wurst verteilen.
½ Bund Schnittlauch	in feine Röllchen schneiden und darüberstreuen.
1 große Scheibe Roggenbrot	in kleine Würfel schneiden und in
1 – 2 TL Butter	zu knusprigen Croûtons braten. Diese zum Schluss über das Radieschen-Gurken-Relish streuen.

> »Ahle Wurscht« ist gereifte, luftgetrocknete oder geräucherte rohe Wurst. Sie wird in runder Form, als Runde, und in gerader Form als Stracke, angeboten.

Hausschlachtung und Ahle Wurscht

Von Ingrid Baum, Herleshausen

Das Schwein musste schonend transportiert oder geführt werden, damit es sich nicht aufregt, bevor es fachgerecht getötet wird – das klingt für Städter lächerlich, aber es ist so. Anschließend wurde es gebrüht, geschrubbt, geflämmt und gut abgewaschen. Früher erledigte man das immer per Hand, heute wird dafür in den Schlachtbetrieben meist ein Brühautomat verwendet. Danach wurde es an einer Schlachteleiter oder dem Frontlader des Traktors aufgehängt. Bei Hausschlachtungen hieß es dann: »Wenn das Schwein am Haken hängt, wird erst einer eingeschenkt.« Damit war ein Schnaps gemeint, denn jetzt war die »Drecksarbeit« erledigt.

Ab jetzt wurde noch genauer auf Sauberkeit geachtet (neue Schürze anziehen und immer erst Hände waschen, bevor man Fleisch und Messer anfasst), denn die Wurst sollte sich ja lange halten.

Der Metzger begann mit der Zerlegung. Bei der Hausschlachtung bestimmte jetzt die Hausfrau, welche »guten Stücke« sie noch für die Küche haben wollte. Das konnten zum Beispiel sein: Lende (Filet), Schinken, Schnitzel oder Kotelett, ein Stück Leber, Kammbraten oder ein Eisbein. Das restliche Fleisch wurde in Streifen geschnitten, mit Gewürzen bestreut und durch den Wolf gelassen. Danach wurde es gut durchgeknetet (heute maschinell) und in die verschiedenen, vorbereiteten Därme gefüllt. So, nun hatte man Bratwurst, Runde und die Stracke – die »rohe Wurst«. Fleischstücke, die man hier nicht gebrauchen konnte – zum Beispiel Kopf, Bauch und anderes – wurden im Kessel abgekocht und zu Leber-, Blut-, Garwurst, Sülze und Weckewerk verarbeitet. Diese mussten nach dem Einfüllen in die Därme noch einmal gekocht werden. Abends, nachdem wieder alles gereinigt und aufgeräumt war, kamen Freunde, die mit einer Schlachtplatte, frischem Gehacktem, Brot und Getränken bewirtet wurden.

Am nächsten Tag, wenn alles ausgekühlt und trocken war, wurden die Würste über Sägemehl aus Buchenholz geräuchert, sie wurden dadurch haltbar gemacht. Anschließend hängte man sie in der Wurstekammer zum Reifen auf. Dieser Raum musste luftig, nicht zugig sein. Raumtemperatur und Luftfeuchtigkeit mussten stimmen. Die so hergestellte Wurst konnte man nach etwa sechs Wochen genießen. So manchem schmeckte sie erst, wenn sie knüppelhart war, dazu brauchte man viel Geduld. Auf diese Weise haltbar gemachte Wurst konnte bei sachgemäßer Lagerung etwa sechs bis neun Monate aufbewahrt werden. Guten Appetit! Heute werden »Hausschlachtungen« überwiegend beim Metzger des Vertrauens durchgeführt.

Ein Teller mit leckeren gekochten Wurstsorten, die es bei der Hausschlachtung gibt.

— Salate und Vorspeisen —

Lammfilet auf Rucola

400 – 600 g Lammfilet	mit
schwarzer Pfeffer (frisch gemahlen)	gut würzen und mit
Schwarzbier-Senf	einstreichen. Danach die Filets in
1 EL Sonnenblumenöl	in einer Pfanne erhitzen und bei reduzierter Wärmezufuhr von allen Seiten gut anbraten. Nach etwa 15 Minuten die Filets herausnehmen und in einer vorgewärmten Auflaufform in den Backofen schieben. Bei 100 °C (Ober-/Unterhitze) etwa 12 bis 15 Minuten durchwärmen lassen.
800 g Rucola	waschen, leicht abtupfen und auf einer größeren Platte anrichten.
2 – 3 EL Olivenöl	darüber verteilen. Die Filets aus dem Backofen nehmen und in dünne Scheiben (½ cm) schneiden, etwas erkalten lassen. Dann die Filetscheiben auf dem Rucola fächerartig verteilen.
200 g Parmesan (grob gerieben)	auf die Scheiben streuen. Zum Würzen mit
Balsamico-Creme	gitterartig verzieren.

Ein edler Happen vorweg!

»Acht Mühlen einst in Röhrda standen, doch heut' ist keine mehr vorhanden, sie sollen nicht vergessen sein, drum präg dir ihre Namen ein.«

Salate und Vorspeisen

Radieschensalat

2 Bund Radieschen	waschen, die Radieschen in feine Scheiben schneiden.
3 EL Rapsöl	mit
1 EL Kräuteressig	verrühren und mit
Salz, Zucker, Pfeffer (frisch gemahlen)	abschmecken und unter die Radieschenscheiben heben. Vor dem Servieren mit
2 EL Schnittlauchröllchen (fein geschnitten)	garnieren.

Salat mit Äpfeln, Möhren und Rote Bete

5 mittelgroße Möhren	und
1 mittelgroße Rote Bete	waschen, putzen, fein raspeln.
1 großer Apfel	waschen, schälen, das Kerngehäuse entfernen und grob raspeln.

Salatsoße

200 g saure Sahne	mit
2 EL Kräuteressig	verrühren und mit
Salz, Zucker Pfeffer (frisch gemahlen)	sowie
½ TL Meerrettich (frisch gerieben)	abschmecken. Mit
2 EL Schnittlauchröllchen	verzieren.

> Dazu schmecken frische Bratwurst und Kartoffelpüree.

Das alte Mühlrad in Röhrda

Salate und Vorspeisen

Gebratene Rote Bete mit Orangensaft

2 – 3 Rote-Bete-Knollen	schälen und roh in dünne Scheiben hobeln.
2 EL Öl	in einer Pfanne erhitzen und die Rote-Bete-Scheiben bei geringer Hitze braten, dabei öfter wenden.
2 Zwiebeln	schälen, fein würfeln, nach etwa 8 bis 12 Minuten zugeben und mitbraten.
1 Knoblauchzehe	schälen, fein würfeln, dazugeben und unter Rühren andünsten. Mit
200 ml Orangensaft	ablöschen und etwas einkochen lassen. Mit
Salz, Pfeffer (z.B. Zitronenpfeffer)	abschmecken. Zum Schluss
50 – 100 ml süße Sahne	unterrühren.

Alternativ kann die süße Sahne durch Schmand ersetzt werden, auch frische oder TK-Kräuter schmecken gut dazu. Man reicht dazu Baguette.
Mit mild gewürzten Bratkartoffeln kann aus der Vorspeise ein Hauptgericht werden.

Salate und Vorspeisen

Reisnudelsalat

500 g Reisnudeln (Kritharaki)	in
4 l Salzwasser	bissfest garen, erkalten lassen.
500 g Geflügelfleischwurst	klein schneiden.
1 Bund Frühlingszwiebeln	und
3 Paprikaschoten (rot, gelb, grün)	putzen und klein schneiden. Alle Zutaten miteinander vermengen.

Salatsoße

150 ml Öl	
150 ml Weißweinessig	
75 g Zucker	
1 gestr. EL Salz	
½ TL Pfeffer	sowie
1 gestr. EL Curry	zusammen aufkochen und etwas abkühlen lassen. Alles miteinander vermengen und einige Stunden durchziehen lassen.

Sommerstimmung im Revier

— Salate und Vorspeisen —

Schichtsalat

1 Bund Schnittlauch	waschen, in Röllchen schneiden und in
250 g Naturjoghurt	einrühren. Mit
Salz, Pfeffer	
1 TL Curry	und dem Saft von
1 Zitrone	abschmecken.
200 g Chinakohl	ohne Strunk quer in dünne Streifen schneiden.
2 Möhren	schälen, fein raspeln.
2 Äpfel	schälen, entkernen und fein raspeln. Chinakohl, Möhren, Äpfel und Joghurt abwechselnd in Gläser oder in eine große Schüssel schichten. Die oberste Schicht mit einem Löffel Joghurtdressing abschließen.
50 g Walnüsse	grob hacken und ohne Fett in einer Pfanne rösten. Wenn sie erkaltet sind, über den Salat streuen.

Eine kleine Kapelle – der Rest des ehemaligen Klosters, in dem sich heute die Eschweger Klosterbrauerei befindet.

Die Marktstraße in Eschwege

Selleriesalat mit Äpfeln und Möhren

1 Sellerieknolle	waschen, gar kochen. Dann die Haut abziehen und die Knolle würfeln.
3 große Möhren	schälen, kurz blanchieren und würfeln.
2 Äpfel	schälen, würfeln. Alle Zutaten in eine Schüssel geben. Für die Schmandsoße
200 g Schmand	mit
Salz, Zucker, Pfeffer (frisch gemahlen)	und etwas
Milch	verrühren und über den Salat geben. Alles vermengen und gut durchziehen lassen.

Chicorée-Fruchtsalat

500 g Chicorée	waschen, den Strunk als Dreieck herauslösen und den Chicorée quer zum Blatt in Streifen schneiden. Die Streifen in 4 Glasschüsseln verteilen.
2 – 3 süße Orangen	schälen, filetieren, dabei den Saft auffangen. Orangenfilets und Saft in eine Schüssel geben. Von
½ Zitrone	den Saft auspressen und dazugeben. Das Ganze nun mit
1 EL Traubenzucker	und
3 EL Kokosraspel	bestreuen.
1 Banane	zerdrücken oder in dünne Scheiben schneiden und ebenfalls in die Schüssel geben. Alles vorsichtig unterheben, etwas durchziehen lassen und dann auf dem Chicorée verteilen.

Turm im Schlosspark von Eschwege

Witzenhausen – Kirschen- und Universitätsstadt

Von Helga Kawe, Hebenshausen

Witzenhausen liegt eingebettet im romantischen Werratal und ist Mittelpunkt eines der größten und ältesten Kirschenanbaugebiete Deutschlands. Die Altstadt mit ihrem Fachwerkbestand zeugt von mittelalterlicher Kultur und Baukunst. Die 16 Ortsteile der Stadt liegen inmitten zahlreicher Kirschenplantagen und bewaldeter Hügelketten. Das Symbol der Stadt, die Kirsche, bestimmt seit mehr als 150 Jahren den Jahresablauf. Die Kirschblüte ist für Besucher ein besonderes Erlebnis. Über 150 000 Kirschbäume lassen die Landschaft zu einem weißen Blütenmeer werden. Zur Kirschenernte findet jedes Jahr am zweiten Juliwochenende das große Kirschenfest, die Kesperkirmes statt (mundartlich Kesper = Kirsche). Besucher strömen in die Stadt, um neben den Festlichkeiten die neu gewählte und gekrönte Kirschenkönigin mit ihren Prinzessinnen zu begrüßen oder um an den Meisterschaften im »Kirschstein-Weitspucken« teilzunehmen.

Es gibt Kirschwein und Hessens erste Öko-Brauerei bietet Kirschbier an. Die im Stadtteil Unterrieden ansässige Absatzgenossenschaft bietet in ihrem Hofladen Spezialitäten rund um die Kirsche sowie eine große Auswahl regionaler Produkte an. Weltweit ist der Name Witzenhausen eng mit dem der Universität verbunden, zu deren Sehenswürdigkeiten auch das Gewächshaus für tropische

Das Rathaus in Witzenhausen

— Für Zwischendurch —

und subtropische Nutzpflanzen gehört. Das Tropengewächshaus ist Lehr- und Forschungseinrichtung der Universität Kassel, deren Fachbereich Ökologische Agrarwissenschaften Witzenhausen zur kleinsten Universitätsstadt Deutschlands gemacht hat. Ein Rundweg führt auf 1200 Quadratmeter Grundfläche »einmal zum Äquator und zurück«. Hier gedeihen Kaffee und Kakao, Baumwolle, Muskatnüsse und etwa 450 weitere Nutzpflanzenarten. Das Gewächshaus ist nicht nur eine Stätte der Lehre und Forschung, sondern es ist auch interessierten Gästen zugänglich.

Die Kirschenkönigin kommt über die Werra.

Auf gleichem Gelände, in einem stilvollen Fachwerkbau untergebracht, befindet sich das völkerkundliche Museum. Die Sammlung wurde von Freunden und Absolventen der ehemaligen Kolonialschule zusammengetragen. Zahlreiche Exponate aus verschiedenen Kulturen zeigen die Vielfalt menschlichen Lebens von heute und damals.

Witzenhausen beherbergt auch die letzte Kautabakfabrik Deutschlands, die ebenfalls besucht werden kann. Südlich des Witzenhäuser Stadtteils Wendershausen liegt die Wappenburg des Werra-Meißner-Kreises, die Burg Ludwigstein. Nach einer wechselvollen Geschichte seit dem Baubeginn 1415, dient die Burg heute als Jugendherberge. In ihren Mauern hat das Archiv der deutschen Jugendbewegung ein Zuhause gefunden.

Blick über Witzenhausen im Frühling zur Kirschblüte

Salate und Vorspeisen

Grüner-Spargel-Salat

500 g frischer grüner Spargel	in etwa 2 cm große Stücke schneiden. In
1,5 l Wasser	mit
1 TL Salz	und
1 TL Zucker	bissfest kochen, abgießen und abkühlen lassen. 2 Esslöffel Spargelsud in einer Tasse auffangen.
1 große Möhre	waschen, putzen und in dünne Scheiben schneiden.
1 kleine gelbe Paprikaschote	waschen, entkernen, in feine Streifen schneiden.
1 Apfel	waschen, entkernen, in Würfel schneiden.
200 g roher Schinken	würfeln.

Salatsoße

1 EL Rapsöl	Die 2 Esslöffel Spargelsud mit
1 EL Kräuteressig	und
1 TL Honig	verrühren. Mit
Salz, Pfeffer (frisch gemahlen)	kräftig abschmecken. Alle Zutaten unterheben und etwas durchziehen lassen.

Salate und Vorspeisen

Weißkohlsalat – gebrüht

1 Kopf Weißkohl	putzen, fein hobeln und mit kochendem Wasser übergießen. Nach 5 Minuten abschütten und gut abtropfen lassen.
250 g Schmand	mit
3 EL Milch	und
1 EL Zitronenessig	verrühren. Das Dressing mit
Salz, Pfeffer (frisch gemahlen)	und
Zucker	nach Geschmack abschmecken.
3 EL gehackte Walnüsse	unter das Dressing heben.
½ rote Paprikaschote	waschen, putzen, in feine Streifen schneiden. Paprika und Dressing unter den Kohl heben und gut durchziehen lassen.
2 EL Schnittlauch und/oder Petersilie	fein schneiden und darauf verteilen.

Nach Geschmack kann eine kleine, fein gewürfelte Zwiebel zum Salat gegeben werden. Dazu passen Salzkartoffeln und paniertes Schnitzel.

Herbstbestellung vor der Kulisse von Niddawitzhausen

Suppen und Eintöpfe

Aufgeschäumte Bärlauchsuppe

4 – 5 mittelgroße Kartoffeln	waschen, schälen und würfeln.
1 mittelgroße Zwiebel	schälen, grob würfeln. Beides in
3 TL Butter	andünsten.
1 l Gemüsebrühe	angießen und 20 Minuten köcheln lassen.
200 g frischer Bärlauch	abbrausen. 2 Blätter davon zum Garnieren in dünne Streifen schneiden. Die restlichen Blätter grob zerkleinern und zur Suppe geben. Dann
200 ml süße Sahne	dazugießen. Mit
Pfeffer (frisch gemahlen)	
Muskat (frisch gerieben)	und
Salz	abschmecken. Die fertige Suppe mit einem Pürierstab aufschäumen und mit den Bärlauchstreifen garnieren.

Das Hauptgestüt Altefeld
Das von Oberlandstallmeister Burchard von Oettingen 1913 gegründet Gestüt ist eine Reise wert. Der Rundgang durch das mustergültig gepflegte Anwesen wird zum Erlebnis. Jeder Meter dieses Areals an der Grenze zwischen Hessen und Thüringen atmet Geschichte. Viele erfolgreiche Renn- und Reitpferde sind mit dem Gestüt Altefeld eng verknüpft und damals wie heute bevölkern die edlen Vierbeiner in großer Zahl die weitläufigen Koppeln, die von hohen Buchenwäldern umgeben werden. Die historischen Gebäude schmiegen sich gefällig in die herrliche Landschaft ein und im Gestütsmuseum erwartet die Besucher viel Interessantes über die Geschichte und die Pferde des Gestüts Altefeld.

Das Gestüt Altefeld

Suppen und Eintöpfe

Schlachtesuppe

2 l frische Wurstbrühe vom Metzger des Vertrauens oder vom eigenen Schlachten	zum Kochen bringen.
250 g Schweinegehacktes	zu kleinen Kugeln formen, in der Brühe gar ziehen lassen.
2 mittelgroße Möhren	sowie
½ Sellerieknolle	schälen, fein raspeln. Zur Brühe geben und gar ziehen lassen. Mit
Gemüsebrühe (gekörnt)	sowie
Salz, Pfeffer	abschmecken und mit
2 EL Petersilie (fein gehackt)	bestreuen.

> Mit frischem Brot oder Brötchen servieren.

Huteeiche bei Altefeld

Die Kirche in Archfeld mit einer Linde, an der sich noch ein altes Prangereisen befindet.

Suppen und Eintöpfe

Kartoffelgulasch

2 Zwiebeln	schälen, würfeln. In
2 EL Albaöl (Rapsöl mit Buttergeschmack)	anbraten.
200 g Jagdwurst	würfeln, dazugeben, mitbraten. Unter Rühren mit
400 ml Gemüsebrühe	ablöschen.
3 Möhren	schälen, in Scheiben schneiden und
500 g Kartoffeln	schälen, in Würfel schneiden, beides dazugeben. Mit
Salz	
Paprikapulver (edelsüß)	sowie
3 – 4 TL Majoran	abschmecken. 25 Minuten kochen lassen. Danach mit einem Kartoffelstampfer zwei- bis dreimal stampfen, damit die Suppe etwas Sämigkeit bekommt. Vor dem Servieren mit
Petersilie (gehackt)	bestreuen.

Besonders gut schmeckt das Kartoffelgulasch, wenn es nochmals erwärmt wird.

Ein wunderschönes Fachwerkhaus in Großalmerode

Käse-Porree-Suppe – Partysuppe
(für etwa 8 bis 10 Personen)

600 g Hackfleisch	in ausreichend
Öl	krümelig anbraten.
3 Gemüsezwiebeln	schälen, in Würfel schneiden, zum Hackfleisch geben und mit anbraten.
Knoblauch (nach Geschmack)	schälen, pressen und mit anbraten.
3 Stangen Porree	putzen, waschen, in Ringe schneiden, mit andünsten. Die Hackfleisch-Porree-Masse mit
1,5 l Fleischbrühe	sowie
250 ml süße Sahne	aufgießen.
250 g Schmelzkäse (natur)	und
250 g Schmelzkäse (Kräuter)	in der Suppe schmelzen lassen. Mit
Salz, Pfeffer	abschmecken. Alles etwa 20 Minuten leicht köcheln lassen.

Dazu Baguette reichen. Die Suppe lässt sich gut vorbereiten.

Gebrannte Grießsuppe

40 g Butter	erhitzen und
40 g Grieß	darin rösten.
1 kleine Möhre	und
¼ Sellerieknolle	schälen.
1 kleine Stange Porree	putzen. Das Gemüse in sehr feine Fäden schneiden und zu dem gerösteten Grieß geben. Mit
1,25 l Brühe	ablöschen und mit
Salz, Pfeffer und Muskat	abschmecken.

Das Gemüse soll noch Biss haben.

Vor dem Glas- und Keramikmuseum in Großalmerode

Schloss Wolfsbrunnen und der Werratalsee

Mein Großvater

Zusammengestellt von Monika Dewath-Timmerberg, Dudenrode

Ich muss oft an diesen stattlichen Mann denken, an sein Leben und Sterben. Mein Großvater gehörte zu dem »poor German Landadel« vom Ende des 19. Jahrhunderts. 700 Jahre Sesshaftigkeit der Familie im äußersten Zipfel Kurhessens ließen sich leicht nachweisen. Alle um unser Gut liegenden Dörfer und Städtchen wiesen Spuren davon auf, dass die Vorfahren auch dort gelebt und gewirkt hatten. Aus nie ganz zugegebenen Gründen mussten sie sich mehr und mehr bescheiden und sich auf ein kleines, Berg und Tal einschließendes, Stück Land zurückziehen. Bei recht eng geschnalltem Riemen ernährte auch dieses noch mehrere Generationen mit jeweils zwölf bis vierzehn Kindern. Viele davon starben im Kindesalter an Seuchen, der Rest aber wurde groß und stark. So auch mein Großvater. Der enge Riemen störte ihn, und so heiratete er eine reiche Industrieellen-Tochter. Von ihrer Mitgift schüttete er einen Berg an und erbaute ein riesiges Schloss, den »Wolfsbrunnen«. Es hatte viele Türme und Söller, Haupt- und Nebentrakte, Remisen, Pferdeställe, Gesindeflügel und ein

Für Zwischendurch

hohes Portal. Als alles fertig und wohlbereitet dastand, erblickte meine Großmutter voller Staunen über dem Portal zwei große Steinklötze, und auf ihre leise Frage, welche Bewandtnis dies habe, antwortete ihr mein Großvater, dort sollten ihrer beider Köpfe überlebensgroß eingemeißelt werden. Was muss damals in meiner Großmutter vorgegangen sein! Sie, die ein Leben lang demütig neben ihrem herrlichen Mann leben wollte und sollte, setzte sich mit Erfolg zur Wehr. Ich nehme an, sie fiel ganz still in Ohnmacht. Auf jeden Fall siegte die Schwäche über die Stärke, die Klötze blieben roh und unvollendet. Mein Großvater stand dennoch immer wieder unnachahmlich strahlend und rotwangig mit ausgebreiteten Armen im Portal, um seine Gäste, Kinder und Enkel willkommen zu heißen. Im Schloss war eine zwei Stockwerke hohe Halle. Eine Wand in Blei gefasster, bunter Scheiben enthielt Sonderscheiben für den heiligen Hubertus und einen altdeutschen Spruch: »Wen kummt in Freund hinein dem sull in wilkum sein.«

Eine Freitreppe mit eichengeschnitzten Jagdszenen am Geländer führte hinauf zu einem schattenreichen Rundgang. Von dort waren alle Schlafzimmer zu erreichen. Ich erinnere mich an eine Kammer, in der die schönste Verkleidekiste stand, die mir je begegnet ist. An allen seinen Geburtstagen sangen wir vor Großvaters Schlafzimmertür: »Lobet den Herrn.« Lange Zeit war ich davon überzeugt gewesen, dass er der »Herr« war, der alles so herrlich regiert und es erhält, wie es uns selbst gefällt. Jetzt lernte ich langsam mich damit abzufinden, dass seine Menschlichkeit auch vor Fehlurteilen nicht gefeit war.

Als er sehr viel später, im Sommer 1939, den Tod kommen fühlte, lehnte er sich zurück, atmete tief durch und sprach: »Ich bin bereit!« Der Tod gehorchte. Meine kleine Großmutter schob die mit Hussen bedeckten gelbseidenen Stühle im Saal zusammen, stellte die Heizung ab, entließ den Diener und zog mit Jahnchen eine Stiege hoch über die Remisen. Der Pleitegeier, dessen Gefieder bereits seit der Inflation gefährlich glänzte, setzte sich auf die oberste Wetterfahne des unbrauchbaren Schlosses und krächzte endlich sein lang zurückgehaltenes Lied.

(Entnommen aus: »Mach's gut du« Von lichten und auch dunklen Tagen; Ebba von Senger und Etterlin; R. Piper & Co. Verlag; München 1981)

Nachtrag:
Heute thront dieses Schloss fast wie im Märchen über Schwebda, hatte schon viele Besitzer und wird nach erneuter Renovierung als Hotel und Restaurant genutzt. Auch bieten der große Park und die dorthin führende Freitreppe eine wundervolle Kulisse für so manche imposante Hochzeitsgroßaufnahme.

Schloss Wolfsbrunnen bei Schwebda mit einem der beiden großen Steine über dem Portal

Suppen und Eintöpfe

Kürbissuppe mit Kokosmilch

2 Zwiebeln	abziehen, würfeln.
1 Knoblauchzehe	schälen und pressen. Beides in
2 EL Öl	andünsten.
1 Hokkaido-Kürbis	waschen, schälen, die Kerne entfernen. Das Kürbisfleisch klein schneiden und dazugeben.
2 mittelgroße Kartoffeln	schälen, klein schneiden, mit andünsten. Mit
500 ml Gemüsebrühe	ablöschen und 30 Minuten köcheln lassen. Dann
300 ml Kokosmilch	zufügen, kurz aufkochen und pürieren. Mit
½ TL Salz	
½ TL Pfeffer	
½ TL Curry	
½ TL Paprikapulver (edelsüß)	sowie
½ TL Muskatnuss (frisch gerieben)	fein abschmecken. Die Suppe danach abgedeckt 1 Stunde durchziehen lassen. Dann nochmals vorsichtig erwärmen, dabei etwas rühren und vor dem Servieren mit
Petersilie	bestreuen.

> Auf dem Teller kann jeweils etwas Schmand untergezogen werden.

Die Dorfstraße in Holzhausen

Suppen und Eintöpfe

Möhrensuppe mit Ingwer

100 g Schalotten	und
30 g Ingwer	schälen, fein hacken. Beides in
2 EL Öl	andünsten.
500 g Möhren	schälen, in kleine Stücke schneiden, zugeben und mitdünsten. Mit
750 ml Gemüsebrühe	ablöschen und 10 Minuten köcheln lassen. Anschließend die Suppe fein pürieren und eventuell durch ein Sieb streichen.
100 ml süße Sahne	zugeben und unter Rühren nochmals kurz aufkochen. Mit
Salz	abschmecken. Auf 4 Teller verteilen, mit
4 EL Koriandergrün oder glatte Petersilie	bestreuen und am Tisch mit je
1 TL Limonenöl oder 1 Spritzer Zitrone	würzen.

Steckrübeneintopf mit Kassler

300 g Kassler	würfeln und
1 Zwiebel	schälen, würfeln. Beides in
1 EL Rapsöl	kurz anbraten und mit
1 l Gemüsebrühe	ablöschen.
5 mittelgroße Kartoffeln	waschen, schälen, würfeln.
1 Steckrübe (etwa 800 g)	schälen, würfeln und mit den Kartoffeln dazugeben. Alles etwa 30 Minuten kochen lassen. Mit
1 – 1,5 TL Kümmel (nach Geschmack)	
Salz, Pfeffer (frisch gemahlen)	kräftig abschmecken.

> Eine wärmende Suppe für die kalte Jahreszeit.

Historische Kreuze an der Friedhofskapelle von Holzhausen

Gemüsegerichte und Vegetarisches

Gefüllte Paprikaschoten (für 6 Personen)

6 große, bunte Paprikaschoten	Von jeder einen Deckel abschneiden, die Schoten putzen und waschen.
1 Zwiebel	schälen, fein würfeln und mit
750 g Hackfleisch	
2 Eier	sowie
etwas Paniermehl	zu einem Hackfleischteig verarbeiten. Die Paprikaschoten damit füllen und nebeneinander in eine gefettete Auflaufform setzen. Etwas Wasser angießen und bei 180 °C etwa 45 Minuten im Backofen garen. Für eine Soße die Brühe vor dem Servieren mit
1 EL Tomatenmark	verrühren und mit
1 – 2 EL Mehl	binden. Mit
Salz, Pfeffer (frisch gemahlen)	abschmecken und zu den gefüllten Paprikaschoten servieren.

Dazu passt Reis.

Wildenten auf der Werra

Ein Paragleiter schwebt über das Werratal. Man sieht die beiden Leuchtberge und den Werratalsee bei Eschwege. Im linken Hintergrund erhebt sich der Hohe Meißner.

Gemüsegerichte und Vegetarisches

Gemüse-Kartoffel-Pizza mit »Ahle Wurscht«

700 g Kartoffeln	als Pellkartoffeln garen, noch warm schälen und möglichst heiß durch die Kartoffelpresse drücken. Abkühlen lassen. Dann mit
Salz, Muskat (frisch gerieben)	würzen.
150 g Mehl	
1 Ei	und
40 g Kartoffelstärke	dazugeben und alles gut zu einem Teig verkneten. Den Teig in eine gefettete Springform (Ø 28 cm) drücken. Bei 200 °C 12 bis 15 Minuten vorbacken.
200 g frische Champignons	putzen, in Scheiben schneiden.
1 Paprikaschote	waschen, entkernen, in Streifen schneiden.
2 Frühlingszwiebeln	klein schneiden. Das Gemüse in einer Pfanne in
2 EL Öl	andünsten. Mit
Kräutersalz	und
etwas Pfeffer (frisch gemahlen)	würzen.
400 g Tomaten aus der Dose	abgießen, die Tomaten zerkleinern und auf dem vorgebackenen Teig verteilen. Mit
Salz, Pfeffer (frisch gemahlen)	sowie
Oregano	würzen. Das gedünstete Gemüse darauf verteilen.
150 g »Ahle Wurscht«	in dünne Scheiben schneiden und obenauf legen.
200 g Mozzarella	in dünnen Scheiben darüberlegen. Die Pizza 20 Minuten bei 200 °C backen.

> Die »Ahle Wurscht« kann durch eine feste Mettwurst oder Salami ersetzt werden.

Märzenbecher und Schneeglöckchen künden den Frühling an.

Gemüsegerichte und Vegetarisches

Hefeklöße

80 g Margarine oder Butter	zerlassen und
250 ml Milch	dazugeben.
500 g Mehl	in eine Rührschüssel geben. Das Mehl mit
1 Pck. Trockenhefe	mischen.
Je 1 TL Salz und Zucker	sowie
1 Ei	dazugeben. Die Hefemilch hinzufügen und alle Zutaten zu einem Hefeteig verarbeiten. An einem warmen Ort gehen lassen, dann Klöße formen. Wasser in einem großen Topf zum Kochen bringen. Den Topf mit einem Geschirrtuch abdecken bzw. bespannen. Die Klöße darauflegen und etwa 15 bis 20 Minuten bei geschlossenem Deckel unter Dampf garen.

> Die Hefeklöße werden zu gebratenem Fleisch gereicht.
> Möchte man süße Klöße, nimmt man für den Teig etwa 80 g Zucker.

Hokkaido-Schmorpfanne

1 Zwiebel	abziehen, würfeln und in
2 EL Öl	glasig dünsten.
1 kg gemischtes Hackfleisch	zugeben und krümelig anbraten. Mit
Salz, Pfeffer (frisch gemahlen)	und
Thymian	abschmecken.
1 Hokkaido-Kürbis (1 – 1,5 kg)	waschen, schälen, halbieren. Die Kerne entfernen, das Kürbisfleisch würfeln und mit in die Pfanne geben. Kurz mit anbraten und dann mit
200 ml Weißwein oder Apfelsaft	ablöschen und zugedeckt weich dünsten.
100 g Schmand oder saure Sahne	leicht unterrühren, nochmals mit Salz und Pfeffer abschmecken.
250 g Feta-Käse	würfeln, dazugeben und vorsichtig unterheben. Vor dem Servieren mit
2 EL Gartenkräuter (gemischt)	bestreuen.

Der Zweiburgenblick bei Wendershausen: rechts die Burg Ludwigstein in Hessen und links die Burg Hanstein in Thüringen. Dazwischen liegt der Ort Werleshausen.

Der Natur auf der Spur

Von Monika Dewath-Timmerberg, Dudenrode

Hätte sich im Jahre 1995 eine Wandergruppe den Hie- und Kripplöchern genähert, um vielleicht dem legendären Kuhloch einen Besuch abzustatten, wären auf den Gesichtern der Wanderer die gleichen fragenden Blicke zu sehen gewesen, wie es macnhmal bei den Schafen der Fall ist: »Was sollen wir denn hier?« Die einst durch jahrhundertelange Nutzung, vor allem durch das Hütehandwerk, enstandenen Kalkmagerrasen waren völlig zugewuchert. Die Beweidung wurde in den 1970er Jahren eingestellt. Eine große Ausholzaktion kam ins Rollen. Die Naturschutzgebiete »Hielöcher«, »Kripplöcher«, »Wenkeberg« und »Am Stein« wurden aus ihrem Dornröschenschlaf erweckt und mit vielen Helfern aus umliegenden Dörfern, auch Schulklassen und dem Amt für Landwirtschaft, entbuscht.

Ein solches Projekt kann nur in Angriff genommen werden, wenn die großflächige Offenhaltung durch eine Hüteherde gesichert ist. Es wurde ein Biotopverbund der Naturschutzgebiete geschaffen. Heute können wieder Wanderungen zu Wacholderheiden mit seltenen Pflanzengesellschaften stattfinden und es ist ein besonderes Erlebnis, heimische seltene Orchideen zu sehen, wilden Thymian zu riechen und Schmetterlinge, Falter und seltene Vögel zu entdecken.

Wacholderheide auf dem Bühlchen bei Dudenrode-Weißenbach

Hie- und Kripplöcher bei Frankershausen

Für Zwischendurch

Diese Pionierarbeit wurde Stück für Stück weiterentwickelt. Die Beweidung des Meißners folgte und auch das ausgeholzte Kleinod bei Weißenbach, das Bühlchen, schloss sich an. Es wurden auch Pferchflächen für die Schafherde geschaffen und neue Futtergründe erschlossen. Die Vermarktung des Lammfleisches als »Meißner Lamm« war ein nächster Schritt sowie die Einführung der Naturparkküche. Viele Gasthöfe beteiligen sich und stärken damit unsere Region. Heute sind zahlreiche Wanderwege eingerichtet und der Naturpark hat ein imposantes Netz von Premiumwegen geschaffen, auf denen sich der Wanderer gut betreut fühlt und die sehr viele einzigartige Erlebnisse bieten.

Der Werra-Meißner-Kreis verfügt über ein sehr gut ausgebautes Premium-Wanderwege-Netz. Aktuell kann auf 16 verschiedenen Premiumwegen, die sich über den ganzen Kreis verteilen, gewandert werden. Sie haben eine Länge zwischen 5,5 und 22 Kilometern. Auf dem Hohen Meißner sowie an vielen anderen Orten hat man die Möglichkeit, bei elf verschiedenen Rundwegen, mit einer Länge von 1,7 bis 5,5 Kilometern, der Natur auf der Spur zu sein. Einen der schönsten Aussichtspunkte erreicht man auf dem Premiumweg 1 (P1), die »Kalbe«. Von dort hat man einen herrlichen Blick auf das gesamte Eschweger Becken. Der Meißner bietet auch einen Barfußpfad, auf dem man mit den Sinnen der Füße die Natur spüren kann.

Mit einem Informationsbüro des Naturparks in Berkatal-Frankershausen ist der Anfang für die Planung einer gelungenen Erholung im Werra-Meißner-Kreis geschaffen.

Hüteschäferei Timmerberg im Naturschutzgebiet Hie- und Kripplöcher bei Frankershausen

LandFrauen wandern auf dem Bühlchen bei Dudenrode-Weißenbach.

Gemüsegerichte und Vegetarisches

Pflaumenknödel (ergibt 20 bis 22 Stück)

500 g kleine Kartoffeln	als Pellkartoffeln kochen, möglichst heiß schälen und durch eine Kartoffelpresse drücken. Etwas abkühlen lassen.
1 TL Salz	und
1 Ei	dazugeben, verkneten. Dann
200 g Mehl	sowie
1 EL Stärkemehl	darübersieben und alles miteinander zu einem Teig verkneten, der nicht mehr kleben sollte. Je die Hälfte der Teigmenge auf etwas bemehlter Fläche zu einer rund 30 cm langen Rolle ausrollen. Daraus schräg etwa 3 cm starke Scheiben schneiden.
3 l Wasser	mit
1 TL Salz	in einem Topf aufkochen. Je nach gewünschter Anzahl Knödel
20 – 22 entsteinte Pflaumen	waschen, abtrocknen. Je 1 Pflaume in eine Scheibe Teig einwickeln. In den Händen rollend zum Kloß formen. Die Knödel in das sprudelnd kochende Salzwasser geben und bei geringer Wärmezufuhr 10 Minuten leicht köcheln lassen. Danach 10 Minuten bei geringer Wärmezufuhr ziehen lassen. Die Pflaumenknödel herausheben. Nach Bedarf
Butter	zerlassen und etwas bräunen. Die Knödel mit der Butter sowie
Zimt und Zucker	servieren.

Sonnenaufgang an den Bruchteichen bei Bad Sooden-Allendorf

Der Fischerstad in Bad Sooden-Allendorf, im Stadtteil Allendorf

Gemüsegerichte und Vegetarisches

Reibekuchen mit Gemüse

200 g Möhren	waschen, putzen und auf der mittleren Reibe raspeln.
1,4 kg Kartoffeln	waschen, schälen, ebenfalls auf der mittleren Reibe raspeln und mit den Möhren mischen.
4 EL feine Haferflocken	unterheben.
3 Eier	mit
Salz, Pfeffer (frisch gemahlen)	und
Muskat (frisch gerieben)	verrühren und unter die Kartoffel-Möhren-Masse rühren.
Rapsöl	in einer Pfanne erhitzen. Mit einer Suppenkelle Reibekuchen portionsweise in die Pfanne geben und ausbacken.

> Dazu wird bei uns Apfelmus gegessen.

> Möhren können im Sommer auch durch Zucchini ersetzt werden, dann bitte etwas mehr Haferflocken verwenden.

Das Gradierwerk in Bad Sooden-Allendorf ist 140 Meter lang und 12 Meter hoch. Es ist eines der letzten Bauwerke dieser Art in Deutschland. Besucher werden zur wohltuenden Inhalation mit Sole eingeladen.

Das Södertor in Bad Sooden

Kartoffelgratin

500 g Kartoffeln	schälen, in Scheiben schneiden.
2 l Salzwasser	zum Kochen bringen. Die Kartoffelscheiben in das siedende Salzwasser geben und 10 Minuten köcheln lassen.
1 Stange Porree	in Ringe schneiden, zugeben und 5 Minuten mitkochen lassen, dann abgießen. Kartoffeln und Gemüse in eine Auflaufform geben.

Soße

250 g Schmand	mit
250 ml süße Sahne	
150 g Naturjoghurt	und
1 Ei	verrühren. Mit
Salz, Pfeffer (frisch gemahlen)	sowie
Muskat nach Geschmack	würzen. Die Soße auf die Kartoffel-Porree-Masse gießen. Mit
4 Scheiben Gouda, Edamer oder Mozzarella	belegen und bei 190 °C etwa 20 Minuten im Backofen garen.

> Das Kartoffelgratin passt zu gebratenem Fleisch oder Fisch und schmeckt auch zu Würstchen oder pur.

Pommes aus der Unterwelt

Ein Kartoffelacker für den Eigenbedarf

Kartoffelklöße halb & halb

750 g gekochte Kartoffeln	durch eine Kartoffelpresse drücken. Für den rohen Kloßteig
1 kg Kartoffeln	schälen und auf der Kartoffelreibe reiben. Durch ein sauberes Geschirrtuch pressen, bis keine Kartoffelbrühe mehr kommt. Die Masse mit den gekochten Kartoffeln mischen und mit
4 Eier	sowie etwas
Mehl	
Salz, Pfeffer (frisch gemahlen)	und
Majoran	zu einem geschmeidigen Kloßteig verkneten. Daraus gleich große Klöße formen.
50 g »Ahle Wurscht«	in Würfel schneiden, je ein Stückchen in die Kloßmitte einarbeiten. In siedendem Salzwasser etwa 25 Minuten ziehen lassen. Wenn die Klöße im Wasser liegen, darf das Wasser nicht mehr kochen.

> Dazu schmeckt Duckefett (Rezept Seite 89).
> Alternativ kann man einen fertigen rohen Kloßteig aus dem Kühlregal verwenden.

Getreide wird mit dem Mähdrescher geerntet.

Heuernte für große und kleine Tiere

Kartoffelgerichte und Beilagen

Kartoffelklöße von gekochten Kartoffeln

1,5 kg Kartoffeln	waschen, als Pellkartoffeln garen, pellen und heiß durch eine Presse drücken, dann abkühlen lassen.
150 g Speisestärke	unterrühren. Mit
Salz	und
Muskat (frisch gerieben)	würzen.
250 – 300 ml Milch	zufügen, alles zu einer festen Masse verkneten und daraus etwa 12 Klöße formen.
3 l Wasser	mit
1 EL Salz	zum Kochen bringen, die Klöße darin etwa 15 Minuten gar ziehen lassen. Dann mit einer Schaumkelle herausnehmen.

Dazu passt Braten vom Rind oder Schwein mit kräftiger Soße.

Die Tränenbrücke führt Fußgänger über die Werra. Im Hintergrund sieht man den Schulberg mit dem schwarzen Turm.

Kartoffelpfanne Hoppel Poppel

600 g Kartoffeln	waschen, kochen, danach pellen und in Scheiben schneiden.
1 Zwiebel	und
1 Knoblauchzehe	schälen, fein würfeln, unter die Kartoffeln mengen.
3 EL Rapsöl	in einer Pfanne erhitzen. Die Kartoffeln darin anbraten und mit
Salz, Pfeffer (frisch gemahlen)	abschmecken.
200 g Leberkäse	und
2 Gewürzgurken	würfeln, dazugeben und mitbraten.
4 Eier	mit
4 EL Schmand	und
Muskat (frisch gerieben)	verrühren, über die Kartoffelmasse gießen und stocken lassen.
2 EL Schnittlauchröllchen	darüber verteilen.

> Leberkäse kann durch Kochwurst oder Bratenfleisch vom Vortag ersetzt werden. Dazu schmeckt ein frischer Salat aus dem Garten. Es können sehr gut Kartoffeln vom Vortag verwendet werden.

Für Zwischendurch

Eschwege – über 1000 Jahre alt und doch so jung

Von Martina Thiele-Sommerlade, Oberhone

Eschwege wurde das erste Mal 974 urkundlich erwähnt und liegt als Kreisstadt des Werra-Meißner-Kreises in einer weitläufigen Flussniederung der Werra, am Fuße der Leuchtberge, nordwestlich und östlich des Hohen Meißners. Die Stadt besitzt einen mittelalterlichen Stadtkern mit geschlossener Fachwerkbebauung. Darunter befinden sich mehr als 1000 Fachwerkhäuser mit interessanten und vielfältigen Schnitzereien sowie viele sehenswerte Gebäude und Türme.

Das Eschweger Landgrafenschloss mit dem Dietemannturm und dem Frau-Holle-Brunnen dient als Sitz der Kreisverwaltung. Der Dietemann ist die Symbolfigur der Kreisstadt und die Eschweger werden im Volksmund die »Dietemänner« genannt. Das Wahrzeichen Eschweges bläst tagsüber zu jeder vollen Stunde bei einem Rundgang um die Spitze des Schlossturms, von wo er die Stadt bewacht. Einmal im Jahr, zum Johannisfest am ersten Wochenende im Juli, steigt er von seinem Turm und führt gemeinsam mit zwölf Biedermeiermädchen den Festzug an. Am Samstag des Johannisfestes, zum Maienzug, wird traditionell das Dietemannslied gesungen.

Die Eschweger Altstadt wird vom Schulberg (Cyriakusberg) überragt, der das älteste Bauwerk der Stadt – den aus dem 12. Jahrhundert stammenden Schwarzen Turm – trägt. Der Dünzebacher-Tor-Turm ist der einzige noch erhaltene Turm der

Der Dietemann mit seinen Biedermeiermädchen beim Johannisfestumzug in Eschwege

früheren Stadtbefestigung. Der Nikolaiturm ist eines der historischen Wahrzeichen der Kreisstadt Eschwege. Mit seinen 47,62 Metern ragt er als höchster Turm über die Dächer der Stadt hinaus. Von seinem Altan aus hat man einen ausgezeichneten Blick über die Stadt hin zu den Leuchtbergen, zur Blauen Kuppe und entlang der Werra. Den Werratalsee hat man gut im Blick sowie das Schloss Wolfsbrunnen. Der Sophiengarten und der Botanische Garten laden zum Verweilen ein. Im Stadtmuseum findet man Heimatliches und das Eschweger Zinnfigurenkabinett zeigt Weltgeschichte im Kleinformat.

Im oder besser neben dem ehemaligen Kloster befindet sich seit 1875 die Klosterbrauerei, die seit 1839 im Familienbesitz der Familie Andreas ist. Die zum Brauen verwendete Braugerste wird von Landwirten aus dem Werra-Meißner-Kreis angebaut.

Der Werratalsee, ein 104 Hektar großer Baggersee, liegt dicht bei Eschwege. Er ist ein beliebtes Naherholungs- und Ausflugsziel zu jeder Jahreszeit. Hier kann man segeln, surfen, rudern und Kanu fahren. Auch zwei vom DLRG bewachte Sandstrände bieten ihren Reiz. Ein Ausflugsschiff, die »Werranixe«, lädt an Nachmittagen jede Stunde zu einer Rundfahrt über den See ein. Um den See herum führt ein sieben Kilometer langer Rundweg, der gern von Spaziergängern, Rad- und Inlineskatern genutzt wird.

Der Marktplatz von Eschwege

Dünzenbacher Torturm mit Turnhalle

Das Eschweger Johannisfest bei Nacht

Zweimal in der Woche bieten Direktvermarkter aus der Region ihre saisonalen Waren auf dem Eschweger Wochenmarkt an. Dann kann man seine Vorräte auffüllen – wobei die »Ahle Wurscht« natürlich nicht fehlen darf. Die Eschweger haben der Ahle Wurscht sogar ein Fest gewidmet. Jedes Jahr im Herbst findet das Eschweger Wurschtfest statt. Hierbei präsentieren sich viele Erzeuger der Ahle Wurscht aus nah und fern und bieten ihre Waren zum Verkosten und Erwerben an.

Kartoffelgerichte und Beilagen

Paprikakartoffeln

500 g Kartoffeln	als Pellkartoffeln kochen, danach pellen, vierteln.
2 – 3 rote und gelbe Paprikaschoten	waschen, grob würfeln.
2 mittelgroße Zwiebeln	schälen, in Streifen schneiden.
1 Knoblauchzehe	schälen, in Scheiben schneiden. Alles miteinander mischen und mit
Kräutersalz	würzen. Die Mischung dann in eine gefettete Auflaufform geben. Mit
3 – 4 EL Olivenöl	beträufeln und mit
4 – 5 Scheiben Käse (nach Geschmack)	belegen. Für etwa 20 Minuten bei 180 °C in den Backofen geben.

Blick auf Eschwege von oben. Man sieht den Werratalsee und die Leuchtberge bei Eschwege. Weit im Hintergrund liegt Thüringen.

Die Einkaufsmeile in Eschwege

Nudelgerichte und Aufläufe

Nudeln – selbst gemacht

200 g Mehl	in eine Schüssel geben. Mit
1 Eigelb	
1 Prise Salz	sowie
30 ml Wasser	vermengen und gut verkneten. Den Teig 30 Minuten ruhen lassen. In einem Topf
1,5 l Wasser	mit
1 TL Salz	zum Sieden bringen. Den Nudelteig auf ein glattes Brettchen legen, über die Kante mit einem Messer feine Späne schneiden und in das siedende Wasser fallen lassen. Die Nudeln im Wasser bissfest kochen.

Die Nudeln eignen sich als Suppeneinlage, aber auch gut zu Soßengerichten.

Das Landgrafenschloss in Eschwege – in diesen historischen Gemäuern regiert der Landrat.

Unterhalb des Landgrafenschlosses findet man in der Schlossmühle viel Lektüre zum Lesen, sie beherbergt die Stadtbibliothek.

Brokkoliauflauf

8 mittelgroße Kartoffeln	schälen und in Scheiben schneiden.
500 g Brokkoli	waschen, in Röschen teilen. Die Strünke schälen und klein schneiden.
300 ml Gemüsebrühe	in einem Topf zum Kochen bringen. Kartoffelscheiben dazugeben, 5 Minuten kochen lassen, dann den Brokkoli dazugeben und weitere 10 Minuten köcheln. Das Gemüse abgießen und in eine gefettete Auflaufform geben. Die Gemüsebrühe auffangen und etwas abkühlen lassen. Für den Guss
2 Eier	mit
250 g Schmand	und
200 ml süße Sahne	in einer Schüssel gut verrühren. Mit
Salz, Pfeffer (frisch gemahlen)	und
Muskat (frisch gerieben)	kräftig abschmecken. Die Gemüsebrühe mit
1 EL Mehl	verrühren, zur Eier-Schmand-Sahne-Mischung geben und über dem Gemüse verteilen.
3 – 4 Scheiben Edamer oder 2 Kugeln Mozzarella	zum Schluss darüber verteilen. Den Auflauf bei 180 °C (Ober-/Unterhitze) im Backofen 25 Minuten garen.

So entsteht der echte Schmand. Frisch gemolkene, euterwarme Milch läuft durch eine Zentrifuge, dabei trennt sich der Rahm von der Milch.

Gemüsetarte mit Bärlauch

200 g Mehl	mit
1 Ei	
75 g Butter	
1 Prise Salz	und
½ TL Backpulver	zu einem Knetteig verarbeiten. Als Boden und Rand in eine gefettete Tarteform drücken.
300 g Gemüse (z.B. Möhren, Erbsen, Blumenkohl)	blanchieren (TK-Gemüse auftauen).
1 Bund Bärlauch	waschen, trocknen und fein schneiden.
200 g Kochschinken	klein schneiden. Mit dem Gemüse vermischen und auf dem Boden der Tarteform verteilen.
3 Eier	mit
200 ml süße Sahne	und
1 EL Soßenbinder (hell)	verrühren. Mit
Salz, Pfeffer (frisch gemahlen)	abschmecken und über das Gemüse gießen.
100 g Reibekäse	darauf verteilen. Bei 180 °C etwa 30 Minuten backen.

> Bärlauch kann durch 200 g Spinat (TK) und 1 Knoblauchzehe ersetzt werden.

So wurde die Milch früher gesammelt: in Kannen auf einer Milchbank wie hier in Breitau.

Bärlauch im Ringgau

Von Ingrid Baum, Herleshausen

Bärlauch (Allium ursinum) ist verwandt mit Zwiebeln, Knoblauch und Schnittlauch. Er wächst vorwiegend in Mischwäldern, liebt feuchte, kalk- und humusreiche Böden. Die langen, flachen Zwiebeln treiben schon bei den ersten Sonnenstrahlen und geringer Bodentemperatur aus. Es ist somit das erste frische Blattwerk, das sich durch das Laub des vergangenen Jahres seinen Weg an die Frühlingssonne bahnt.

Kurze Zeit später schiebt die Pflanze eine Blüte, die von einer weichen, weißen Haut umgeben ist. Platzt diese auf, treiben an den Blütenstielen sechs kleine, weiße Blütenblätter aus, die aufgeblüht wie ein Stern aussehen. Voll erblüht entsteht daraus ein bis zu 10 Zentimeter großer, weißer Blütenball. Jede Blüte bildet bis zu drei Samenkörner, die, wenn sie reif sind, schon bei stärkerem Wind oder Regen ausfallen.

Bärlauch ist ein Kaltkeimer, das heißt die Samen müssen eine Frostperiode durchlebt haben, bevor sie keimen. Trotz seiner langen Keimdauer von zwei Jahren vermehrt sich Bärlauch schnell über seine Zwiebeln und bildet so innerhalb weniger Jahre große Horste. Nun wird das Blattwerk gelb, die Pflanze stirbt ab und verfällt in eine Sommerruhe.

Die beste Zeit zum Pflücken von Blättern ist vom Austrieb bis zum Beginn der Blüte (Frühjahr). Dann ist der Geschmack am intensivsten. Wenn man im Frühling durch den Ringgau wandert und der Wind einen intensiven Knoblauchduft mitbringt, dann hat man einen dieser Plätze gefunden.

Bärlauch auf dem Kielforst bei Herleshausen

Die ehemalige Kolonialschule in Witzenhausen, hier wurden Familien von 1898 bis 1944 auf das Leben in Afrika vorbereitet. Heute gehört das Gebäude zum Deutschen Institut für tropische und subtropische Landwirtschaft.

Kartoffelauflauf mit Bärlauch

1 kg Kartoffeln	als Pellkartoffeln garen, schälen, in Scheiben schneiden und in eine Schüssel geben. Mit
Salz, Pfeffer (frisch gemahlen)	würzen.
200 g Bärlauch	waschen, abtrocknen, in Streifen schneiden und unter die Kartoffeln heben. Die Masse in eine mit
1 EL Butter	ausgestrichene Auflaufform füllen.
200 ml süße Sahne	mit
100 ml Milch	verrühren und mit
Salz, Pfeffer (frisch gemahlen)	würzen.
2 EL Soßenbinder (hell)	unterrühren und über die Kartoffelmasse gießen. Bei 180 °C etwa 30 Minuten backen.

Dazu passen Bratwürstchen und andere kurz gebratene Leckereien.

Geschäftigkeit in Witzenhausens Einkaufsstraße

Der Brunnen vor dem Rathaus in Witzenhausen

Makkaroniauflauf

500 g Makkaroni	zweimal durchbrechen und in
5 l Salzwasser	bissfest garen.
250 g Schinkenspeck	in feine Streifen schneiden und abwechselnd mit den Makkaroni in eine gefettete Auflaufform schichten.
4 Eier	mit
500 ml Milch	verquirlen. Mit
Salz, Pfeffer, Muskat	würzen und über den Auflauf geben.
5 EL Semmelbrösel	darüberstreuen und das Ganze mit
Butterflöckchen	belegen. Bei 200 °C etwa 40 bis 45 Minuten backen.

Dazu schmeckt die Linsen-Tomaten-Soße (Rezept S. 57).

Käse-Hack-Auflauf

500 g gemischtes Hackfleisch	in eine Schüssel geben.
1 Brötchen	in Wasser einweichen, gut ausdrücken und dazugeben.
1 Zwiebel	abziehen, fein würfeln. Die Zwiebelwürfel sowie
1 Ei	
1 Eigelb	und
1 EL Tomatenmark	ebenfalls zugeben und alles zu einem Hackfleischteig verkneten.
1 Paprikaschote	waschen, Kerne entfernen und die Paprikaschote würfeln.
100 g Gouda	würfeln. Beides unter den Hackfleischteig kneten. Die Masse in eine Auflaufform drücken. Mit
Paprikapulver (edelsüß)	bestreuen und mit
1 Eiweiß	bestreichen. Im Backofen bei 200 °C etwa 15 Minuten garen. Mit
200 ml süße Sahne	übergießen und weitere 15 bis 20 Minuten garen.

Dazu schmeckt Reis und Salat.

Ende des 19. Jahrhunderts entstand das Schloss Rothestein. Seinen Namen hat es von dem Fels auf dem es steht, er ist aus rotem Sandstein.

Nudelgerichte und Aufläufe

Zucchiniauflauf

> Dazu schmecken Kartoffeln.

500 g Hackfleisch	in
1 EL Öl	anbraten.
1 Zwiebel	abziehen, würfeln, zugeben.
1 Knoblauchzehe	zerdrücken und mit anbraten.
1 kg Zucchini	waschen und in dünne Scheiben schneiden.
4 Tomaten	würfeln, mit den Zucchini mischen und mit
Salz, Pfeffer, Thymian	würzen. Die Hälfte des Gemüses in eine gefettete Auflaufform geben, dann das Hackfleisch darauf verteilen und mit dem restlichen Gemüse bedecken.

Helle Grundsoße

30 g Butter	in einem Topf schmelzen.
40 g Mehl	zugeben und unter Rühren mit
500 ml Milch, Brühe oder Wasser	ablöschen.
50 g Kräuter-Schmelzkäse	zugeben und mit
Salz, Pfeffer	kräftig abschmecken. Den Auflauf mit der Soße übergießen. Im Backofen bei 200 °C etwa 45 Minuten garen.

Blick vom Leuchtberg über den Werratalsee nach Grebendorf

Hackbraten in der Kastenform (für 10 bis 12 Personen)

2 altbackene Brötchen	in kaltem Wasser einweichen, ausdrücken.
200 g junger Gouda	würfeln.
4 Zwiebeln	sowie
3 Knoblauchzehen	schälen und fein würfeln.
2 rote Paprikaschoten	waschen, entkernen und die Schote würfeln.
360 g Champignons aus dem Glas	abtropfen lassen. Alle Zutaten in eine Schüssel geben.
1,2 kg Hackfleisch (halb und halb)	
4 Eier	
1 EL Paprikapulver (edelsüß)	und
1 EL Paprikapulver (rosenscharf)	zufügen und alles miteinander verkneten. Mit
Salz, Pfeffer (frisch gemahlen)	abschmecken. Zwei Kastenformen mit
300 g roher Schinken	auslegen. Die Hackfleischmasse einfüllen und mit Schinken abdecken. Bei 200 °C etwa 2 Stunden garen.

Kann warm und kalt serviert werden und ist gut vorzubereiten. Als Beilagen frisches Brot und Salat der Saison reichen.

Die Klosterkirche in Germerode

Kloster und Kirche Germerode

Von Ruth Dilling, Vierbach

Mitte des 12. Jahrhunderts wurde das Kloster von Graf Rugger III. von Bilstein gestiftet. Er stattete es auch mit reichem Landbesitz aus. Später wurde das Kloster als Nonnenkloster geführt. Das Klostergebäude ist ein bedeutendes Beispiel spätromanischer Ordensarchitektur in Nordhessen. Es ist ein Prämonstratenser-Doppelkloster. Hier gab es in der romanischen Basilika zwei getrennte Bereiche: für die Priester den Chorraum und für die Chorfrauen eine Nonnenempore, auf der man später die Orgel untergebracht hat.
100 Jahre hatte das Doppelkloster Bestand, dann übergaben es die Chorherren den Chorfrauen, welche überwiegend aus dem Hessischen Adel stammten. Das Kloster wurde 1527 im Zuge der Reformation aufgelöst und es entstand ein hessisches Staatsgut.
Die Klosterkirche hat man stilgetreu restauriert – die Krypta der Bilsteiner Grafen befindet sich in ihr. In der Klosterkirche feiert heute die evangelische Kirchengemeinde Germerode ihre Gottesdienste. Im Kloster und im ehemaligen Domänenpächterhaus wurde eine kirchliche Tagungsstätte errichtet, wo sich Menschen aus nah und fern treffen. Angeboten werden Seminare, Zeiten der Einkehr und Stille sowie ökumenische Pilgerwege. Ein Besuch zur inneren Einkehr lohnt sich.

Der Klostergarten nach Hildegard von Bingen neben der Klosterkirche in Reichenbach

… Nudelgerichte und Aufläufe …

Linsen-Tomaten-Soße

Von Christine Heise, Dudenrode

1 Zwiebel	abziehen, fein würfeln und in
2 EL Öl	andünsten.
2 große Möhren	schälen, raspeln und
1 Stange Porree	putzen, waschen, fein schneiden. Beides mitdünsten.
500 ml Gemüsebrühe	auffüllen und
200 g rote Linsen (gewaschen)	sowie
1 Lorbeerblatt	dazugeben. 15 Minuten köcheln lassen.
500 g passierte Tomaten	und
70 g Tomatenmark	zugeben, verrühren und mit
½ TL Curry	
1 TL Basilikum (getrocknet)	
1 TL Oregano (getrocknet)	
1 – 2 TL Zucker	sowie
Salz, Pfeffer (frisch gemahlen)	abschmecken.

Die Soße passt zu vielen Nudelgerichten und Aufläufen.

Ein Mohnfeld bei Germerode in voller Blütenpracht

Vor langer Zeit lebten Wollnashörner in unserer Region.

Eingelegte Schnitzel

5 Schnitzel	halbieren und mit
Salz, Pfeffer, Paprika	von beiden Seiten würzen.
1 Ei	in einem tiefen Teller gut verrühren. In einen anderen tiefen Teller
5 EL Paniermehl	geben. Die Schnitzel jetzt erst in Ei danach in Paniermehl wenden und dann in
Margarine oder Öl	braten. In eine große Auflaufform legen. Für die Soße
2 mittelgroße Zwiebeln	schälen, in Ringe schneiden und in
1 EL Öl	andünsten.
500 ml süße Sahne	mit
2 TL Speisestärke	verrühren und mit
Salz, Pfeffer	kräftig abschmecken. Mit den Zwiebeln über die Schnitzel gießen. Das Ganze im Backofen bei 160 °C etwa 30 Minuten heiß werden lassen.

Dazu schmeckt Reis und ein grüner Salat. Wenn's schnell gehen soll, die Zwiebeln und Gewürze durch 1 Päckchen Zwiebelsuppe ersetzen.

Frikadellen

1½ altbackene Brötchen	in Wasser einweichen, dann gut ausdrücken und in eine Schüssel geben.
1 kg Hackfleisch vom Schwein (gewürzt)	dazugeben.
1 Zwiebel	abziehen, fein würfeln, zum Hackfleisch geben. Nun noch
1 EL Senf	und
2 Eier (Größe L)	zufügen. Einen festen Hackfleischteig kneten und runde Frikadellen formen. In
Pflanzenfett oder Schweineschmalz	braten.

Das Hackfleisch kann auch zur Hälfte aus Rinder- und zur Hälfte aus Schweinehackfleisch bestehen.

Fleischgerichte – mit Schwein

Exotische Schweinelende

1 Schweinelende	in Medaillons (dicke Scheiben) schneiden.
½ TL Thymian, ¼ TL Rosmarin	sowie
Pfeffer (frisch gemahlen)	mit
4 EL Öl	gut verrühren. Die Medaillons darin einige Stunden marinieren. Dann kurz anbraten und in eine Auflaufform legen.
4 Scheiben Ananas	in
20 g Butter	anbraten. Die Ananasscheiben zu den Medaillons geben. Den Bratensatz mit
3 EL Weinbrand	und
250 ml süße Sahne	ablöschen. Die Mischung mit
2 EL Ananassaft	
2 TL Curry	
1 EL Barbecuesoße	
1 EL Sojasoße	sowie
1 TL Worcestershire-Soße	gut abschmecken und über das Fleisch gießen. Bei 180 bis 200 °C etwa 1 Stunde garen.

Schmeckt auch mit Puten- oder Hähnchenfleisch. Als Beilage Reis oder Baguette reichen. Lässt sich gut vorbereiten.

Blick ins Meißnervorland bei Frankenhain

Fleischgerichte – mit Schwein

Schweinebraten

1 – 1,2 kg mageres Schweinefleisch aus der Keule oder durchwachsenes vom Kamm (Nacken)	abwaschen, abtrocknen. Mit
1 TL Salz	und
Pfeffer (frisch gemahlen)	würzen.
1 EL Rapsöl	in einem Bratentopf erhitzen, das Fleisch von allen Seiten kräftig darin anbraten, herausnehmen.
1 große Zwiebel	schälen, würfeln.
2 Möhren	waschen, putzen und in Scheiben schneiden.
1 kleine Stange Porree	waschen, putzen, klein schneiden. Das Gemüse im Bratentopf anbraten und mit
750 ml heißes Wasser	ablöschen. Das Fleisch wieder dazugeben.
2 Lorbeerblätter	und
3 Wacholderbeeren	dazulegen. Etwa 1,5 Stunden schmoren, dabei einmal umdrehen. Danach Fleisch und Gewürze herausnehmen. Das Gemüse mit dem Pürierstab zerkleinern. Die Soße mit
Salz, Pfeffer, Paprikapulver	abschmecken.
1 – 2 EL Mehl	mit kaltem Wasser anrühren und die Soße damit binden.

Bei durchwachsenem Fleisch kann man die Wacholderbeeren durch 1 Teelöffel Kümmel austauschen. Dazu schmecken im Sommer Kartoffeln und Salat und im Winter Klöße und Rotkohl.

Der grüne See bei Hundelshausen entstand Anfang der 1940er Jahre, als sich ein Gipssteinbruch mit Oberflächenwasser füllte.

Kassler – überbacken

700 g rohes Kassler	in
300 ml Weißwein (trocken)	dünsten. Etwa 20 Minuten abkühlen lassen. Das Fleisch aus dem Sud nehmen, in Scheiben schneiden und flach in eine Auflaufform fächern. Den Sud aufbewahren.
Je 1 rote und 1 grüne Paprikaschote	putzen, waschen, würfeln.
1 Zwiebel	abziehen, würfeln.
1 Stange Porree	putzen, waschen, in dünne Scheiben schneiden.
200 g Champignons	putzen, in Scheiben schneiden. Alles Gemüse in
1 EL Butter	dünsten. Dann mit
2 EL Mehl	bestäuben und mit
100 g Tomatenpürree	sowie dem Wein vom Dünsten ablöschen. Die Masse gut abschmecken und über das Fleisch geben.
200 g Käse (vorzugsweise Gouda)	fein reiben und darüberstreuen. Bei 180 °C etwa 45 Minuten goldgelb backen.

Dazu schmeckt frisches Weißbrot oder Baguette. Lässt sich sehr gut vorbereiten und ist für Feiern geeignet.

In der Hessischen Schweiz färben sich die Blätter bunt – ein beliebtes Wanderziel zu jeder Jahreszeit.

Für Zwischendurch

Schottisches Hochlandrind ...

Von Ruth Dilling, Vierbach

... auch Highland Cattle oder Kyloe (gälisches Rind) genannt, ist eine Rasse des Hausrindes. Sie ist die älteste registrierte Viehrasse. Die Highlands stammen aus dem Nordwesten Schottlands. Ursprünglich gab es zwei Rassen: die schwarze und etwas kleinere Kyloe, die auf den Inseln Schottlands lebte und eine rötliche und größere Rasse aus den Highlands. Durch Züchtung wurden beide Rassen eins und es entstand eine rotbraune Färbung. Merkmale sind langes Fell und die langen, symmetrischen Hörner.

Beim Bullen sind die Hörner kräftig, waagerecht nach vorn gebogen. Bei den Kühen sind sie meist deutlich länger und weit ausladend nach oben gebogen. Die Highland-Rinder sind nicht sehr groß und auch nicht so schwer wie unsere Rinder. Sie sind sehr robust und langlebig und gelten als gutmütig.

Aber nicht nur in Schottland gibt es Highlands, nein auch am Fuße des Meißners in Vockerode leben sie. Sie eignen sich für die Freilandhaltung das ganze Jahr über. Bei Spaziergängern ist die Herde ein beliebter Anziehungspunkt, vor allem, wenn im Frühjahr die Kälber geboren werden.

Aber nichtsdestotrotz sind diese Tiere Nutztiere. Ihr Fleisch ist cholesterinarm und sehr schmackhaft. Aus ihm lassen sich leckere Gerichte zaubern wie zum Beispiel Tafelspitz mit Meerrettich. Viel Spaß beim Nachkochen und guten Appetit.

Der moderne Chef ist gepierct – Highlandbulle mit seiner Herde.

Eine Highlandherde grast im Meißnervorland bei Vockerode.

Tafelspitz vom Highlandrind mit Meerrettichsoße

1 kg Tafelspitz vom Highlandrind	in
2,5 l Wasser	mit
1 Lorbeerblatt	
1 Nelke	und
1 – 2 EL Salz	etwa 2 Stunden kochen lassen. Nach dem ersten Aufkochen eventuell abschäumen. Etwa 20 Minuten vor Ende der Garzeit
1 Zwiebel	halbieren, die Schnittfläche in einer Pfanne ohne Fett gut bräunen und dazugeben. Ebenso
3 Möhren	putzen, klein schneiden.
1 Stange Porree	putzen, waschen und in Stücke schneiden. Das Gemüse zum Fleisch geben und fertig garen.

Meerrettichsoße

50 g Butter	erhitzen. Mit
3 EL Mehl	bestäuben, unter ständigem Rühren mit
750 ml Fleischbrühe	ablöschen und etwas einkochen lassen.
1 Scheibe Weißbrot ohne Rinde	in Würfel schneiden, zum Nachbinden in die Soße geben.
Meerrettich (frisch gerieben oder aus dem Glas)	nach Geschmack
½ Apfel (gerieben)	sowie
125 ml süße Sahne	zur Soße geben und mit
Salz, Pfeffer (frisch gemahlen)	abschmecken.

> Das Rindfleisch nach dem Garen in Scheiben schneiden und auf einer tiefen Platte mit dem Gemüse und etwas Brühe anrichten. Die Soße getrennt dazu reichen. Als Beilage passen Petersilienkartoffeln und Rote Bete. Alternativ kann im Frühjahr/Sommer auch »Hessische Grüne Soße« (Rezept Seite 85) zum Fleisch gereicht werden.

Highlandkuh mit ihrem Kälbchen

Fleischgerichte – mit Rind

Rinderfilet mit Kräuter-Nuss-Krone

3 Zweige Rosmarin	
3 Zweige Thymian	und
6 – 8 Petersilienstängel	abspülen. Nadeln bzw. Blätter von den Stängeln abziehen und alles fein schneiden.
80 g Margarine oder Butter	in einer Pfanne schmelzen und
5 EL Semmelbrösel	
2 EL Hartkäse (gerieben)	
50 g gehackte Walnüsse	sowie
1 TL grüner Pfeffer	darin anbraten, die Kräuter dazugeben, kurz anbraten und zur Seite stellen.
4 Scheiben gut abgehangenes Rinderfilet (ca. 200 – 250 g / Person)	von beiden Seiten mit
Salz, Pfeffer (frisch gemahlen)	würzen.
4 EL Rapsöl	erhitzen, das Fleisch von beiden Seiten etwa 2 Minuten kräftig anbraten. In eine Auflaufform legen und die Kräuterpanade darauf verteilen. Nun im vorgeheizten Backofen bei 150 °C etwa 15 Minuten überbacken.

Dazu passen Pommes frites oder Kartoffelspalten sowie ein bunter frischer Salat aus dem Garten.

Kanone vor dem Schloss Augustenau

Schloss Augustenau in Herleshausen

Fleischgerichte – mit Rind

Rindergulasch mit Preiselbeeren

1 kg Rindergulasch	in
4 EL Rapsöl	anbraten. Mit
Salz, Pfeffer (frisch gemahlen)	würzen.
4 Zwiebeln	schälen, würfeln und mit anbraten. Mit
1 EL Weißweinessig	und
1 l Fleischbrühe	ablöschen.
2 EL Paprikapulver (edelsüß)	
1 Lorbeerblatt	und
½ entkernte Chilischote	dazugeben und bei mittlerer Hitze etwa 1 Stunde garen.
3 EL saure Sahne	mit
1 EL dunkler Soßenbinder	verrühren und die Soße damit binden.
3 EL Preiselbeeren aus dem Glas	unterrühren und abschmecken.

Dreschfest in Herleshausen

Hirsch im Wald

Rinderrouladen

4 Rinderrouladen	mit
Salz, Pfeffer	würzen. Je eine Seite mit
Senf	bestreichen.
2 Zwiebeln	schälen und würfeln. Die Fleischscheiben damit belegen.
150 g Schinkenspeck	würfeln und darauf verteilen. Nach Geschmack
100 g Gewürzgurke	würfeln, ebenfalls auf den Rouladen verteilen. Zusammenrollen und mit Rouladennadeln oder Zahnstochern feststecken. Nun
4 EL Rapsöl	in einem Bräter erhitzen. Die Rouladen darin von allen Seiten kräftig anbraten. Mit
750 ml Wasser	ablöschen und etwa 90 Minuten schmoren lassen. Die Rouladen aus der Soße nehmen und warm stellen. Die Flüssigkeit durch ein Sieb geben und nach Geschmack mit
Senf	
Tomatenmark	und/oder
Gurkensud	abschmecken. Zum Schluss
1 – 2 EL Speisestärke	mit Wasser verrühren und die Soße damit binden.

Als Beilage passen die Klöße von gekochten Kartoffeln (Rezept Seite 42).

Das kleine Mädchen erkundet die Blütenpracht im Garten.

Fleischgerichte – mit Lamm und Geflügel

Grünkohlpäckchen mit Lammhack

12 – 16 große Blätter Grünkohl	waschen, 2 bis 3 Minuten blanchieren und kalt abschrecken, auf Küchenkrepp trocknen lassen.
1 kleine Frühlingszwiebel	in feine Würfel schneiden, mit
400 g Lammhackfleisch	
Salz, Pfeffer (frisch gemahlen)	
1 Eigelb	
2 EL Semmelbrösel	sowie
2 EL Parmesan (gerieben)	vermengen und gut abschmecken. Kleine Häufchen von der Hackmasse in jeweils 2 Grünkohlblätter einwickeln und mit Rouladenklammern oder Zwirn fixieren. Für die Soße
1 Zwiebel	schälen, fein würfeln und in einem Topf in
1 EL Öl	glasig dünsten.
800 g Tomaten aus der Dose	zufügen. Mit
1 EL italienische Kräuter	sowie
1 EL Gemüsebrühe-Pulver	würzen und gut verrühren. Die Hackpäckchen in die Soße legen und 45 Minuten bei schwacher Hitze garen. Die Tomatensoße mit
Salz	abschmecken.

Dazu schmecken Salzkartoffeln.

Eine Wollgraswiese auf dem Hohen Meißner

Bergwildpark Meißner

Von Karlheinz Giesen, Germerode

Am Ortsrand von Germerode in der Gemeinde Meißner liegt der weithin bekannte Bergwildpark Meißner. Vor über 40 Jahren als »Wild- und Erholungspark Germerode« gegründet, entwickelte er sich aus bescheidenen Anfängen zu einem Anziehungspunkt für Gäste aus nah und fern. In erster Linie leben hier auf 40 Hektar heimische Wildtiere. Neben Wildschweinen, Iltisfrettchen und Waschbären, die in geräumigen Gehegen untergebracht sind, ist das freilaufende Hochwild die Attraktion des Parks. Rot- und Damhirsche, Rehe und Mufflons lassen sich ohne störende Zäune beobachten und füttern. Zutrauliche Ziegen, Hängebauchschweine, Meerschweinchen und Kaninchen gibt es ebenso zu sehen wie Eichhörnchen und verschiedene Vogelarten. Aber auch Nandus, südamerikanische Straußenvögel, und Steinböcke aus den Alpen fühlen sich in Germerode wohl. In diesem Jahr ziehen schottische Hochlandrinder und Bennett-Kängurus von der Insel Tasmanien ein. Vor kurzem konnte das neue »Schweinehaus« eingeweiht werden. Hier sind Haustierrassen wie das Wollschwein untergebracht. Der Imkerverein Eschwege hat einen Schaubienenstand errichtet.

Doch nicht nur Tiere gibt es zu entdecken. Besonderer Beliebtheit erfreut sich der große Abenteuerspielplatz, der ständig ausgebaut wird. Dazu gehören auch ein Wasserspielplatz und eine vom Dampfbahnklub Wellingerode betriebene Parkeisenbahn, die sonntags ihre Runden dreht. Während die Kleinen herumtoben, können sich ihre Eltern auf der Terrasse erfrischen. Von hier aus geht der Blick hinüber auf den Eichberg und den idyllischen Lortzengrund. An anderen Stellen hat man eine wunderbare Aussicht auf das Dorf Germerode mit seiner romanischen Klosterkirche und über das Eschweger Becken bis hin zu den Bergen an der Landesgrenze zu Thüringen.

Interessant sind auch die im Wildpark eingerichteten Museen. Es gibt das komplett in Holzbauweise errichtete »Waldwichtelhaus«. In diesem »Museum zum Anfassen« wird den großen und kleinen Besuchern das Ökosystem Wald nahegebracht. Die Tiere des Waldes, Holzwirtschaft und Geologie sind mit vielen Ausstellungsstücken, Tafeln und interaktiven Spielen dargestellt. Einen besonderen Raum nimmt der Bergbau ein, in dem früher viele Einheimische Arbeit fanden (im Nachbarort Abterode lädt das Besucherbergwerk »Grube Gustav« ein, die Welt unter Tage kennen zu lernen). In einer stillen Ecke des Bergwildparks findet man die Landmaschinenausstellung »Unser ahles Gemare«. Hier findet der interessierte Besucher viele Schaustücke aus vergangenen

... das kitzelt auf der Hand.

Für Zwischendurch

Tagen. Geräte vom Butterfass bis zum Kartoffelroder lassen ahnen, wie schwer die Arbeit auf dem Lande früher war.

Wer nach einem Rundgang Hunger oder Durst verspürt, ist in den »Wildparkstuben« bestens aufgehoben. Kalte und warme Speisen, Kuchen und Torten stehen bereit, in der Saison wird an Wochenenden gegrillt. In unregelmäßigen Abständen gibt es im Park auch Events. Der »Waldwichteltag«, Kinderfeste, Früh- und Abendführungen sowie Gastauftritte von Falknern sind einige Beispiele. Höhepunkt des Jahres ist die Rotwildbrunft Ende September. Allabendlich werden dann Rundgänge veranstaltet, um die Tiere in Aktion zu erleben. Sehr beliebt sind die altersgerecht ausgearbeiteten Rallyes.

Erhaltungs- und Verschönerungsarbeiten werden von einem Förderverein durchgeführt. Etwa 50 Männer und Frauen, nicht nur aus Germerode, haben sich hier aus Idealismus zusammengefunden. Handwerker aus allen Bereichen, aber auch Vertreter anderer Berufe treffen sich alle 14 Tage sonntags, um ehrenamtlich zu arbeiten. Mehr als 4000 Stunden kommen so jedes Jahr zusammen. Aber auch Sponsoren unterstützen die Einrichtung mit Sach- und Geldspenden. Die Zusammenarbeit mit anderen Einrichtungen wird großgeschrieben. Der Park ist Mitglied im Deutschen Wildgehegeverband und im Museumsverbund des Werra-Meißner-Kreises.

Willkommen im Bergwildpark Meißner

Im Bergwildpark wird Damwild gefüttert.

Lammfilet-Pfännchen

800 g Brokkoli	putzen, waschen, in Röschen teilen. In
2 l Salzwasser	garen. Die Röschen abgießen und zur Seite stellen.
600 g Lammfilet	mit
Salz, Pfeffer (frisch gemahlen)	würzen.
2 EL Öl	in einer Pfanne erhitzen und das Filet darin von allen Seiten anbraten. Abgedeckt bei geringer Hitze 15 Minuten weiterbraten. Das Fleisch aus der Pfanne nehmen und warm stellen. Den Bratensatz mit
150 ml Weißwein	und
200 ml Milch oder süße Sahne	unter Rühren lösen, aufkochen und dann die Hälfte von
200 g Käse (gerieben)	in der Soße schmelzen lassen. Mit
Salz, schwarzer Pfeffer (frisch gemahlen)	abschmecken. Das Filet aufschneiden, mit den Brokkoli-Röschen in eine kleine, feuerfeste Form geben. Soße darübergießen und mit dem restlichen Käse bestreuen. Im heißen Backofen unter dem Grill gratinieren.

> In die Soße bitte kein Brokkoli Wasser gelangen lassen.
> Dazu passen in Butter geschwenkte kleine Pellkartoffeln.

**Erntedankgottesdienst
bei schönem Wetter unter der Remise**

Fleischgerichte – mit Lamm und Geflügel

Lammgulasch mit Curry

1 große Zwiebel	und
1 Knoblauchzehe	abziehen, fein würfeln. In
2 EL Öl	anschwitzen.
1 kg Lammfleisch aus Schulter oder Hals	klein würfeln, zugeben und unter Rühren leicht weiterschwitzen lassen. Mit
Salz, Pfeffer (frisch gemahlen)	würzen. Mit
150 ml Weißwein	ablöschen und unter Rühren
200 g Kokosmilch	zufügen.
1½ TL Curry	sowie
½ TL Kurkuma	einrühren und 1 Stunde bei geringer Wärmezufuhr weiterköcheln lassen. Wird die Soße zu dick, noch etwas Wein oder Wasser zugeben.

Dazu passen Salzkartoffeln, aber auch Reis jeder Art.

Die Kirche in Oberrieden

Lammhaxen in Schwarzbier

Lammhaxen

2 Zwiebeln	abziehen, würfeln.
2 Möhren	putzen und würfeln.
1 Stange Porree	putzen, waschen und schneiden.
1 kleine Sellerieknolle	schälen, würfeln und
1 Knoblauchzehe	schälen, fein würfeln.
4 – 8 Lammhaxen	mit
Salz, Pfeffer (frisch gemahlen)	gut würzen und in
2 – 3 EL Öl	von allen Seiten kräftig anbraten. Das vorbereitete Gemüse dazugeben und etwas mitschmoren lassen.
2 EL Tomatenmark	hinzufügen und mit
1 EL Mehl	bestäuben. Kurz anschwitzen lassen und mit
250 – 500 ml Wasser	sowie
250 ml Schwarzbier	ablöschen.
1 TL Majoran	und
1 TL Bohnenkraut	dazugeben. Die Haxen etwa 1 bis 1,5 Stunden schmoren. Während dieser Zeit ab und zu etwas von der Soße über die Haxen gießen. Eventuell noch ein wenig Schwarzbier aufgießen.

Soße

10 Streifen Frühstücksspeck	klein schneiden, in eine Pfanne geben und erhitzen.
2 große Zwiebeln	abziehen, fein würfeln, dazugeben.
1 EL Tomatenmark	unterrühren und mit
500 ml Schwarzbier	ablöschen. Etwa 250 ml Soßenfond vom Schmoren der Haxen dazugeben und mit
1 EL Mehl	binden. Mit
Salz, Pfeffer (frisch gemahlen)	
Senf (mittelscharf)	und
Kümmel (gemahlen)	kräftig abschmecken.

Das Rathaus von Sontra

Fleischgerichte – mit Lamm und Geflügel

Curryhuhn – wenn's schnell gehen soll

450 g Hühner- oder Putenbrust	in mundgerechte Würfel schneiden.
1 kleine Zwiebel	fein würfeln, beides in
1 EL Öl	anbraten. Mit
250 ml süße Sahne	und
250 ml Milch	ablöschen und mit
Salz, Pfeffer	und
viel Curry	gut abschmecken. 20 Minuten köcheln lassen. Vor dem Servieren
4 halbe Pfirsiche aus der Dose	würfeln und zum Fleisch geben. 1 Schuss Pfirsichsaft (nach Geschmack) zugeben, nochmals abschmecken. Eventuell mit etwas
Speisestärke	andicken.

> Es schmecken auch Erdnüsse oder Cashewkerne in der Soße. Dazu passt Reis und grüner Salat.

Festlich geschmückte Straßen zum Breitwiesenfest in Sontra

Ein schönes Fachwerkhaus in Sontra

Fischgerichte

Forelle in Folie

4 küchenfertige Forellen	abwaschen, trockentupfen, mit
Salz, Pfeffer	innen und außen würzen.
1 Möhre	waschen, putzen, fein würfeln.
1 Zwiebel	schälen, fein würfeln.
Frische Petersilie und Dill	waschen, klein schneiden. Das Gemüse mit den Kräutern vermengen und diese Mischung in den Bauchhöhlen der Forellen verteilen.
1 große Zitrone	schälen, in 8 Scheiben schneiden und auf das Gemüse legen. 4 Stücke Alufolie zuschneiden und mit
je 1 EL Butter	bestreichen. Die Forellen in Alufolie einwickeln und gut verschließen. Bei 180 °C etwa 30 Minuten garen.

Dazu schmecken frische Kartoffeln und grüner Salat.

Lachs-Blattspinat-Auflauf (für 4 bis 6 Personen)

800 g Lachs-, Seelachs- oder Rotbarschfilet	abspülen, klein schneiden.
1 Bund Frühlingszwiebeln	waschen und in feine Ringe schneiden. Die Zwiebelringe mit
600 g TK-Blattspinat	in
2 EL Öl	andünsten und mit
Salz, Pfeffer	sowie
Muskat (frisch gerieben)	abschmecken. In eine Auflaufform geben und mit dem Fisch belegen.
200 g Kräuterfrischkäse	mit
etwas Milch	cremig verrühren und über den Fisch gießen. Bei 180 °C etwa 20 bis 30 Minuten im Backofen garen.

Nicht nur die Schwanfamilie erkundet die Natur auf der Werra.

Forellencreme mit Dill

250 g geräuchertes Forellenfilet	
250 g Mascarpone	
6 TL Zitronensaft	sowie
5 EL Kapern	in einen hohen Rührbecher geben und mit dem Stabmixer pürieren. Mit
Salz, Pfeffer (frisch gemahlen)	abschmecken. Etwas
Dill und Petersilie	waschen, trocknen und sehr fein schneiden. Mit der Forellencreme vermischen und etwa 1 Stunde gut durchziehen lassen.

Dazu schmecken frisches Brot oder Kräcker.

Geräucherter Aal – Genuss für 1 Person

1 Aal (frisch geräuchert, ca. 300 g)	und
2 Scheiben frisches Roggenbrot	
1 kleine Gurke	sowie
1 Tomate	auf einen Teller legen. Dazu eine Papierserviette. So, nun nimmt man die Finger, das ist ein Muss, denn es ist nur so ein Genuss!

Dazu schmeckt ein frisch gezapftes Bier. Guten Appetit!
Den Aal am besten vom Angler besorgen oder vom Angelsportverein, der selbst räuchert.

Aal im Räucherofen

Heringssalat mit Rote Bete

6 frische Heringsfilets	abspülen, trockentupfen und in Streifen schneiden. In eine Schüssel geben.
1 Zwiebel	schälen, fein würfeln.
2 Gewürzgurken	fein würfeln.
1 großer Apfel	waschen, schälen, entkernen und würfeln.
1 gekochte Rote-Bete-Knolle aus dem Glas	würfeln. Alles zu den Heringsstreifen in die Schüssel geben.
250 g Schmand	mit
5 EL Milch	verrühren. Mit
Salz, Pfeffer (frisch gemahlen)	abschmecken.
Frische Petersilie und Dill	waschen, fein schneiden und unterheben. Die Soße über die Zutaten gießen, umrühren und nochmals abschmecken.

Dazu schmecken Pellkartoffeln. Wenn man Heringsfilets in Öl verwendet, das Öl sorgfältig abgießen und die Filets gut abtupfen.

Jedes Jahr an Himmelfahrt findet auf der Boyneburg der Gottesdienst statt.

Elisabeth-Bild an einer Kastanie in der Nähe von Frauenborn

Das Fräulein von der Boyneburg

Von Ingrid Baum, Herleshausen

In grauer Vorzeit, als die Herren von der Boyneburg noch ihre Burg bewohnten, hatten diese drei Töchter. Die Jüngste von ihnen wurde während eines Gewitters über der Burg geboren. Sie träumte in jungen Jahren, dass sie auch bei einem Gewitter ihr Leben verlieren würde. Als sie 18 Jahre alt wurde, zog ein schweres Unwetter über die Burg heran und wollte drei Tage und Nächte nicht weichen. Da erinnerte sich das jüngste Fräulein an ihren Traum und sie erzählte ihren Schwestern davon. Diese wollten ihre jüngere Schwester schützen und stellten sich beide vor das Burgtor, um für sie zu sterben, doch es geschah nichts. Nun wusste die Jüngste, dass ihre Stunde gekommen war. Sie bestimmte der Sage nach, dass an ihrem Todestag die ganze Gemeinde gespeist und beschenkt werden sollte. Danach ging sie mutig und voll Gottvertrauen vor das Burgtor. Während sie dort betete zuckte ein greller Blitzstrahl hernieder und sie war verschwunden. Danach beruhigte sich das Gewitter und verschwand.

Bis heute wandern am Himmelfahrtstag die Leute von nah und fern auf die Boyneburg, um dort an einem Gottesdienst teilzunehmen. Diesen Gottesdienst darf nur ein Pfarrer aus dem Ortsteil Datterode halten. Früher gab es Brot und Speck, heute noch Brot, das vom heutigen Burgherrn, dem Baron von Boyneburg, in die Volksmenge geworfen wird. Die Brote werden meistens nicht verzehrt, sondern aufbewahrt, denn sie sollen Haus und Hof der Sage nach vor Unheil schützen. Geografisch gesehen, steht die Ruine heute auf dem höchsten Punkt der Gemarkung Wichmannshausen.

Noch heute werden traditionell die Brote vom Herrn von Boyneburg geworfen.

Glücklich ist, wer ein Brot gefangen hat.

Saiblingsfilet mit Sauerampfersoße und rotem Mangold

Von Ingo Bockler, Küchenchef im Hotel Hohenhaus

Mangoldgemüse

400 g roter Mangold (geputzt gewogen)	blanchieren, abschrecken und einige schöne Blätter mit der Rippenseite nach oben auf ein Tuch legen. Mit dem Rollholz plattieren und beiseitestellen. Die Mangoldstiele putzen und in feine Streifen schneiden, blanchieren.
100 ml Rotwein	und
100 ml Portwein	in eine Kasserolle geben.
1 Schalotte	putzen, fein würfeln,
½ Knoblauchzehe	schälen, fein würfeln, beides zum Wein geben, aufkochen und die Mangoldstiele zugeben. Bei mittlerer Hitze weich kochen. Auf einem Sieb abtropfen lassen, die Flüssigkeit auffangen und sirupartig einreduzieren. Etwa
1 EL Speisestärke	mit etwas Wasser anrühren und die Soße damit binden. Mangoldstiele zufügen und mit
Salz, Pfeffer (frisch gemahlen)	sowie
Muskat (frisch gerieben)	abschmecken. Je 1 Esslöffel Mangoldgemüse auf die Mangoldblätter verteilen (3 Blätter pro Person etwa 12 x 12 cm), einwickeln und mit Hilfe des Küchentuchs rund formen. Ein Backblech mit
1 EL Butter	einpinseln und die Mangoldkugeln daraufsetzen. Vor dem Servieren im Ofen erhitzen. Das Mangoldgrün grob in Streifen schneiden und in einer Sauteuse mit
1 TL Butter	erhitzen. Mit
Salz, Pfeffer, Muskat	abschmecken und mit
Pinienkerne (geröstet)	verfeinern.

Küchenchef Ingo Bockler vom Restaurant Hohenhaus

Sauerampfersoße

2 Schalotten	putzen, in Scheiben schneiden.
1 Knoblauchzehe	schälen, in Scheiben schneiden. Beides in
20 g Butter	glasig anschwitzen, mit
10 g Mehl	bestäuben und
100 ml Weißwein	
20 ml Noilly Prat (französischer Wermut)	
10 ml Pernot	sowie
400 ml Fischfond	auffüllen. Bei milder Hitze auf ein Drittel reduzieren. Passieren und
250 ml süße Sahne	sowie
40 g Crème fraîche	zufügen. Aufkochen und mit
Salz	und
Tabasco	sowie
Zitronensaft	abschmecken. Nun
1 Bund Sauerampfer	in feine Streifen (Julienne) schneiden.

Saibling

4 Saiblingfilets (à 70 g)	säubern, mit
Salz, Pfeffer	würzen. Die Filets zusammen mit
2 Zweige Thymian	und
1 Knoblauchzehe (zerdrückt)	in
etwas Butter	saftig braten. Das Mangoldgrün in die Tellermitte setzen und den Fisch darauf anrichten. Die Sauerampferstreifen gleichmäßig darum verteilen. Die erhitzten Mangoldbällchen sternförmig auf den Tellern anrichten. Die Weißweinsoße aufschäumen und auf dem Sauerampfer verteilen.

Hohenhaus

Erstmals erwähnt wurde es um 1600 auf einer Karte, die sich im Stadtarchiv von Marburg befindet. Aus alten Fotos ist zu ersehen, dass das Herrenhaus in Fachwerkbauweise erstellt war. Bis 1856 war es im Besitz der Herren von Buttlar. Diese verkauften es an Ferdinand von Schutzbar, der es an seinen Sohn vererbte. Rudolf von Schutzbar ersetzte 1901 das Herrenhaus durch ein schönes Schloss im englischen Landhausstil. Es wurde auch ein Schlosspark im viktorianischen Stil angelegt. 1934 ging es in den Besitz einer Verlegerfamilie über, die es 1959 instand setzte und für die heutige Nutzung umbaute.

Aus der regionalen Küche

Ahle-Wurscht-Kreppel (herzhafter Brandteig)

175 ml Wasser	mit
75 g Butter	und
½ TL Salz	in einen Topf geben. Kurz aufkochen lassen und vom Herd nehmen.
120 g Mehl	auf einmal hinzugeben. Mit einem Kochlöffel unterrühren, bis eine gebundene Masse entstanden ist. Den Topf zurück auf den Herd stellen und mit dem Kochlöffel die Mehlmasse so lange rühren, bis sich am Boden ein weißer Belag gebildet hat, dann den Topf vom Herd nehmen.
3 Eier	nach und nach gut unterrühren. Der Teig soll glatt und klebrig sein.
100 g Ahle Wurscht	in kleine Würfel schneiden und unter den Brandteig heben. Mit zwei Teelöffeln etwa 40 kleine Häufchen auf ein mit Backpapier belegtes Blech setzen. Im vorgeheizten Ofen bei 180 °C etwa 30 Minuten backen.

Passt gut zu Holunderblütensekt (Rezept Seite 171).

Die Rittmannshäuser Straße in Netra mit dem typischen Fachwerk

Ahle-Wurscht-Suppe

250 g rote Ahle Wurscht	Die Pelle entfernen, die Wurst würfeln.
30 g Fett	in einen Topf geben und die Wurst ausbraten.
1 Zwiebel	schälen, würfeln und dazugeben.
500 g Kartoffeln	schälen und würfeln.
400 g Möhren	und
1 Stange Porree	putzen und klein schneiden. Alles in den Topf zur Wurst geben.
250 – 500 ml Brühe	und
200 ml süße Sahne	dazugeben und etwa 15 bis 20 Minuten garen.
200 g Kräuter-Schmelzkäse	einrühren und mit
Salz, Pfeffer (frisch gemahlen)	abschmecken. Mit
Petersilie	bestreuen.

Anstatt der Ahle Wurscht kann man ersatzweise eine feste Mettwurst oder Salami nehmen.

Hessische Schmand-Salatsoße

200 g Schmand	mit
1 EL Kräuteressig	und
3 EL Milch	verrühren. Mit
Salz, Zucker	abschmecken.
2 EL fein gehackte Gartenkräuter	unterrühren.

Für alle grünen Salate.

Menschenkugel, »Kunst an der ehemaligen innerdeutschen Grenze« in Netra

Unse Backhus

Von Ulrike Zindel, Germerode

Das Backhaus steht seit alters her im Mittelpunkt eines Dorfes. Es ist Backstube und – wie man heute sagt – Kommunikationszentrum der dörflichen Gemeinschaft.

In den Zeiten der Großfamilien spielte das wöchentliche Brot- und Kuchenbacken im Leben der Hausfrauen eine wichtige und anstrengende Rolle. Backen war Schwerstarbeit und schloss im Allgemeinen die Arbeitswoche ab. Brote wurden für die kommenden Wochen gebacken, zum Schluss kam der Kuchen. Wer wann mit Backen dran war, entschied das Los. Der Losekuchen ist ein altes traditionelles Rezept unserer Region und wird im Winter gerne gegessen. Seinen Namen hat er vom Losen. Jede Familie hat ihr eigenes Rezept und die Zubereitung sowie die Wahl der Zutaten ist so unterschiedlich wie jede einzelne Familie.

In Germerode gab es zu Beginn der Dorferneuerung 1990 kein öffentliches Backhaus mehr. Nach vielen Diskussionen entschloss sich die Arbeitsgruppe, ein Backhaus neben dem Dorfgemeinschaftshaus zu bauen. Es entstand ein Fachwerkbackhaus mit Backstube, Holzbackofen, Holzlagerraum, Aufenthaltsraum und Grillecke. Mit einem großen Backfest wurde das Haus im Jahr 2000 eingeweiht. »Unse Backhus« gehört inzwischen zum neuen Dorfzentrum und wird von den Einwohnern als Backstube oder zum Feiern genutzt. Die Kindergottesdienst-Kinder backen in der Adventszeit dort ihre Plätzchen.

Ahle Backhusordnung

Wann de erschten gebacken hon,
backen de zweten und wann de
zweten gebacken hon, backen de dretten
Unn war Sunnoweds kenne Ziet hätt,
muss Frittogs backe.

Die Backfrauen haben ihr Tagwerk vollbracht.

Aus der regionalen Küche

Losekuchen

Von Inge Thiele, Oberhone

750 g Brotteig (vom Bäcker)	auf einem gefetteten Blech ausrollen und mit einer Gabel gut einstechen.
500 ml Milch	erhitzen. Mit
3 EL Mehl	binden und mit
Salz	abschmecken. Etwas abkühlen lassen und auf den Brotteig streichen. Mit
Kümmel	bestreuen.
4 – 6 Zwiebeln	schälen, würfeln, in etwas
Öl	andünsten und auf dem Kuchen verteilen.
4 – 6 mittelgroße säuerliche Äpfel	schälen, die Kerngehäuse entfernen und die Äpfel in Würfel schneiden. Auf der Zwiebelmasse verteilen.
500 g gewürztes Hackfleisch	in Klecksen auf die Äpfel geben.
500 ml süße Sahne	steif schlagen, mit etwas
Salz	würzen.
2 Eigelb	unterrühren.
2 Eiweiß	steif schlagen, unter die Eiersahne heben und auf dem Losekuchen verteilen. Mit
Grieben (vom Metzger)	bestreuen. Den Kuchen gut gehen lassen und dann etwa 45 Minuten bei 180 °C backen.

Das Backhaus in Germerode wird heute nicht nur zum Backen benutzt, es ist auch Treffpunkt für viele Veranstaltungen.

Aus der regionalen Küche

Grüne Erbsensuppe mit Mehlklößen

1 kleine Zwiebel	schälen, fein würfeln und in
1 EL Öl	glasig dünsten.
250 g Erbsen (frisch oder TK)	dazugeben.
2 l Gemüsebrühe	aufgießen und mit
gekörnte Brühe	gut abschmecken.

Mehlklöße

40 g Butter	schaumig rühren.
3 Eier	dazugeben und mit
Salz	abschmecken.
400 g Mehl	mit
1 TL Backpulver	mischen, abwechselnd mit
125 ml Milch	unter die Butter-Eier-Masse rühren, bis der Teig Blasen schlägt.
150 g harte Ahle Wurscht	in kleine Würfel schneiden und unter den Teig kneten. Mit einem Esslöffel Klöße abstechen und in die Erbsensuppe geben. 20 Minuten ziehen lassen.
1 Bund Petersilie	fein hacken, in die Suppe streuen.

Ein Igel ergreift die Flucht.

Aus der regionalen Küche

Hessische Grüne Soße nach Oma Kathrins Art

250 g Schmand	
200 g saure Sahne	
125 – 250 ml Milch	und
2 TL Salz	in einer Schüssel cremig rühren, so dass eine feine Soße entsteht.
6 hart gekochte Eier	schälen, halbieren. Das Eigelb in einen tiefen Teller geben und mit einer Gabel zerdrücken. Mit
2 TL Senf	verrühren. Die Eigelb-Senf-Masse in die Soße rühren und nochmals abschmecken. Das Eiweiß in kleine Würfel schneiden und in die Soße geben.
Ca. 50 – 75 g Kräuter nach Geschmack (z.B. Petersilie, Schnittlauch, Dill, Borretsch, Pimpernelle, Zitronenmelisse, Sauerampfer)	fein wiegen und in die Soße geben.

Dazu passen frisch gekochte Kartoffeln. Schmeckt auch zu gekochtem Fleisch wie zum Beispiel Tafelspitz vom Highlandrind (Rezept Seite 63).
Alternativ können die Eier auch halbiert in die Schmand-Kräuter-Soße gelegt werden.

Aus der Kräuterspirale immer frisch auf den Tisch

Aus der regionalen Küche

Plattenkuchen Annemarie

Die Plattenkuchen findet man vielerorts auch als Eisekuchen, da sie früher auf einem speziellen Eisen gebacken wurden.

500 g Mehl	in eine Schüssel geben.
100 g Zucker	und
80 g flüssige Margarine	dazugeben.
½ Pck. frische Hefe	in
1 l Milch (lauwarm)	auflösen. Alle Zutaten zu einem dünnflüssigen Teig verarbeiten und 20 Minuten an einem warmen Ort gehen lassen.
2 Eier	trennen. Das Eigelb unter den Teig rühren, das Eiweiß steif schlagen und unterheben.
Rapsöl	in einer Pfanne erhitzen und möglichst dünne »Plattenkuchen« goldbraun darin ausbacken.

Die Plattenkuchen können warm und kalt serviert werden. Dazu schmeckt am besten frisch geschleuderter Schmand und selbst gemachtes Pflaumenmus sowie selbst gemachte Marmelade ... jetzt fehlt nur noch eine Tasse Kaffee.

Schmandwaffeln – schnell zubereitet

10 – 12 Eier	trennen. Das Eigelb in eine Schüssel geben und mit
500 g Schmand	
3 Pck. Vanillinzucker	sowie
250 g Mehl	verrühren. Das Eiweiß zu steifem Schnee schlagen und unterheben. Im Waffeleisen 14 bis 16 Waffeln backen.

Dazu reicht man geschlagene Sahne und heiße Kirschen.

Ob solch' eine Waldohreule der Stadt Waldkappel zu ihrem Spitznamen verholfen hat?

Die Kirche in Waldkappel

Das gute alte Duckefett

Nach mündlicher Überlieferung

*Duckefett, sure Melch und Quark,
hielten unsre Alten stark
und Kartoffeln noch dabei,
teils in Pelle, teils in Brei,
waren im Familienkreise
eine wahre Götterspeise.*

*Und von dieser Nahrungskraft,
haben täglich sie geschafft.
Ging's vor Arbeit drüber – drunter,
blieben sie doch froh und munter.
Zum Arztbesuch war selten Grund,
das Duckefett hielt den Mensch gesund.*

*Dem Staate war's auch sehr gelegen,
was war das für ein Kindersegen,
in manchen Häusern war's ganz toll,
wie schnell war da ein Dutzend voll.
Als mit dem Duckefett es war aus,
ward Kinderarm so manches Haus.*

*Man zahlet heut in dieser Welt
Milliarden aus für Kindergeld
und sonstige Familienplanung.
Die Leute haben keine Ahnung –
die sollen hier im Lande Hessen,
mal wieder tüchtig Duckefett essen,
dann würde laufen neu der Born,
dann wären Hessenkinder wieder vorn.*

**Nicht nur Pferde sind zum Reiten da.
Die Kuh Brauni ist eine geduldige Kuh,
auch ihr Reiter braucht Geduld.**

Aus der regionalen Küche

Schippeln mit Duckefett

Schippeln

1 kg mittelgroße Kartoffeln	waschen und bürsten, längs halbieren. Mit der Schnittfläche nach unten auf ein gut geöltes und mit
Salz, Kümmel	bestreutes Backblech legen. Bei 200 °C backen, bis die Schale beginnt aufzuplatzen.

Duckefett

250 g Schinkenspeck	würfeln und in einem Topf auslassen.
3 mittelgroße Zwiebeln	schälen, in Würfel schneiden, zum Speck geben und hellbraun anbraten.
1 EL Senf	und
500 g Schmand	sowie
200 g saure Sahne	einrühren, nicht mehr kochen lassen. Mit
Salz, Pfeffer	
1 Prise Zucker	abschmecken.

> Pellkartoffeln schmecken auch sehr gut zum Duckefett.

Zauberhafte Naturschauspiele am Hohen Meißner

Aus der regionalen Küche

Kochkäse

Von Tina Hildebrand, Oberhone

200 g Harzer Käse	in sehr kleine Würfel schneiden und in einen großen Topf geben.
50 g Butter	
250 g Schmand	sowie
50 ml Milch	dazugeben. Bei geringer Hitze unter ständigem Rühren langsam auflösen. Wenn die Masse schön glatt zergangen ist,
1 gestr. TL Natron	unterrühren. Etwas abkühlen lassen. Dann
250 g Quark	unterrühren und mit
Salz, Kümmel	würzen. Den Kochkäse zur Aufbewahrung in ein Gefäß umfüllen und vollständig auskühlen lassen.

Oberhone, eines von über 120 Dörfern im Werra-Meißner-Kreis

Ein Insektenhotel in der Nähe von Oberhone, damit die Artenvielfalt wieder zunimmt.

Aus der regionalen Küche

Schlachteplatte

300 g frisches Hackfleisch	zu einem Kloß formen, auf einen Teller drücken, mit Klarsichtfolie abdecken und sofort wieder in den Kühlschrank stellen.
1 Zwiebel (klein)	schälen, fein würfeln und mit
300 g frisches Hackfleisch	
1 Ei (klein)	sowie
3 – 4 EL Semmelmehl	gut durchkneten. Die Masse zu etwa 10 bis 12 kleinen Frikadellen formen. In
1 EL Rapsöl	von beiden Seiten anbraten, warm stellen.
500 – 600 g Wellfleisch (Schnauze, Backe und Bauchfleisch)	in Scheiben oder kleine Portionen schneiden.
1 mittelgroße Zwiebel	schälen, würfeln.
4 Gewürzgurken	halbieren. Alle Zutaten auf einer großen Platte oder auf einem Holzbrett anrichten.
Pfeffermühle, Salz	und
Senf	dazustellen.

Als Beilage frisches Brot und Bier sowie einen Schnaps zur Verdauung reichen.

Eine kleine Schlachteplatte mit leckeren Sachen vom Schwein

Strohernte bei Oberhone

Krautstopf

Auch Krautkopf, Krautshäubchen oder gefülltes Kraut genannt

600 – 800 g Weißkohl- oder Wirsingblätter	grob zerteilen.
3 l Wasser	zum Kochen bringen und
1 EL Salz	dazugeben. Den Kohl darin 3 Minuten blanchieren, in ein Sieb geben und das Kohlwasser auffangen. Eine Wasserbadform (für 1,5 Liter) mit
1 EL Margarine oder Butter	ausstreichen und mit
1 EL Semmelbrösel	ausstreuen.
1 Zwiebel	schälen, fein würfeln.
½ rote Paprikaschote	waschen, entkernen, fein würfeln. Zwiebel und Paprika mit
500 g Hackfleisch (gewürzt)	
1 Ei	und
2 EL Semmelmehl	zu einem Teig verkneten. Mit dem Kohl beginnend in die Form schichten. Die Hackfleischmasse auf 2 Schichten verteilen, mit Kraut abschließen und die Form gut verschließen. Die Form in einen größeren Topf stellen. Wasser in den Topf geben, bis 2 cm unter den Formrand. Die Krautform darin etwa 1 Stunde kochen.

Soße

30 g Butter	schmelzen und
40 g Mehl	einrühren. Mit
500 ml Kohlbrühe	unter ständigem Rühren ablöschen. 2 Minuten unter Rühren köcheln lassen.
1 Eigelb	unterrühren, dabei die Soße nicht mehr kochen lassen. Mit
Salz, Pfeffer, Muskat	abschmecken. Zum Servieren die Krautform öffnen und auf einen großen tiefen Teller stürzen.

> Als Beilage reicht man Kartoffeln. Hat man keine Wasserbadform, kann der Krautstopf auch in einer Auflaufform im Backofen gegart werden. Die Form dann abdecken.

Wirsing

— Aus der regionalen Küche —

Warmer Kartoffelsalat

1,5 kg Kartoffeln	waschen, kochen, abpellen und in Scheiben schneiden. Für die Soße
2 EL Öl	in einen Topf geben und erhitzen.
1 Zwiebel	schälen, würfeln und mit
125 g Schinkenwürfel	andünsten.
3 EL Mehl	dazugeben und verrühren, dann mit
500 ml Milch	ablöschen. Mit
Salz, Pfeffer, Muskat	abschmecken und die Soße über die Kartoffeln geben.

Dazu schmeckt Kochwurst, Bratwurst oder auch Brathering.

Erntedank, geschmückt im Garten in Dudenrode

Spielmanns- und Fanfarenzüge gibt es viele im Werra-Meißner-Kreis.

Aus der regionalen Küche

Spanisch Fricco

Das traditionelle Erntefestessen in Bad Sooden-Allendorf. Das Spanisch Fricco wurde früher vor dem Kirchgang auf das Feuer, den Kohleofen, gestellt. Wenn der, bei solchen Festen länger dauernde, Gottesdient vorüber war, war auch das Spanisch Fricco fertig und es konnte festlich gespeist werden.

Ca. 750 g Fleisch (halb Rind, halb Schwein)	würfeln, mit
Salz, Pfeffer (frisch gemahlen)	würzen.
Ca. 1,5 kg Kartoffeln	schälen, in dünne Scheiben schneiden. Mit
Salz, Pfeffer (frisch gemahlen)	würzen.
Ca. 1 kg Zwiebeln	abziehen, würfeln und in
2 EL Butter	goldbraun dünsten. Eine Wasserbadform (für 1,5 Liter) gut mit
Margarine oder Butter	ausfetten.
100 ml süße Sahne	in die Wasserbadform gießen. Kartoffeln, Fleisch und Zwiebeln abwechselnd in die Form schichten. Man beginnt mit Kartoffeln, dann Fleisch und Zwiebeln, als letzte Schicht Kartoffeln. Zum Abschluss mit
250 – 500 g Schmand (wenn möglich frisch geschleudert)	übergießen und fest verschließen. Die Form im Wasserbad 2,5 bis 3 Stunden kochen.

Wer das Fricco gern pfeffrig mag, streut zwischen die Schichten noch Pfeffer. Der Schmand kann auch in Portionen in jeder Schicht dazwischengegeben werden.
Das Gericht lässt sich gut in Einmachgläsern garen, es hält sich einige Wochen. Im August, wenn das Erntefest stattfindet, kann das Fricco zusammen mit Bohnen eingekocht werden.

Man serviert das »Förmchen« durchgerührt und mit einer weißen Tuchserviette umhüllt auf einem Teller oder Tablett. Das passende Getränk zum »Förmchen« ist Bier oder Radler. Als Tischmusik empfiehlt sich »Triolett« oder »Heimat, süße Heimat«, der stadteigene Erntefestmarsch.

Triolett zum Erntefest in Bad Sooden-Allendorf

Erntedank und Heimatfest in Bad Sooden-Allendorf

Von Monika Dewath-Timmerberg, Dudenrode

Seit mehr als 50 Jahren wird in Bad Sooden-Allendorf das Erntedank- und Heimatfest gefeiert. Es findet stets am 3. Wochenende im August statt und ist der Höhepunkt im Festtagsjahreskreis dieses malerischen Werra-Städtchens und seiner umliegenden Dörfer. Tage vorher werden aus eigens dafür angebautem Getreide die Ähren und das Stroh zu Kränzen, Girlanden und großen sowie kleinen Kronen kunstvoll gewickelt. Gemeinsam werden die Straßen, Gässchen und der Marktplatz festlich geschmückt.

Erntekranzträger mit Ehrendamen, Erntefest in Bad Sooden-Allendorf

Die vielen Gäste aus der näheren und ferneren Umgebung genießen diesen Anblick. Für viele entfernt lebende Kinder und Enkel ist das »Nach-Hause-Kommen« zum Erntedankfest ein Muss. Nicht selten wird es ein großes Wiedersehensfest. Schon am Freitagabend wird in den Straßen und Gassen bei den sogenannten Straßenfesten mit den Freunden gefeiert. An diesem Abend tanzt

Erntekrone mit Getreideschmuck auf dem Marktplatz von Bad Sooden-Allendorf

man auf dem Markplatz und in der Kirchstraße »Triolett«: Ein besonderer Gemeinschaftstanz, der manche in einen genüsslichen Rausch versetzt und bis zur Erschöpfung daran teilnehmen lässt. Das traditionelle Festessen heißt Spanisch Fricco und es wird in dieser Zeit in jeder Gaststätte angeboten – ebenso, wie es sicher in vielen Variationen auf so manchem Tisch zu Hause steht.

Der große Festumzug am Sonntag wird von jungen Herren angeführt, die den riesigen und schweren Erntekranz tragen und danach in den speziellen Kreis der Erntekranzträger aufgenommen werden. Die Ehrendamen, welche die Kranzträger umrahmen, sind in den Farben des Festes – rot und blau – geschmückt. Ein langer Zug aus – je nach aktuellem Motto – festlich gekleideten großen und kleinen Menschen, Wagen, Traktoren, Autos und Pferdegespannen wartet darauf, von den vielen, die Straßen säumenden Menschen bestaunt zu werden. Der Umzug bietet Anlass zu so manchem Spaß und angeregten Gesprächen. Er endet mit dem Einzug auf dem Festplatz mit anschließendem, gemeinsam getanztem Triolett.

Süßspeisen und Desserts

Bratäpfel

4 große Äpfel	waschen und mit dem Ausstecher das Kerngehäuse entfernen. Dabei möglichst nicht ganz durchstechen.
50 g Marzipan	
1 EL gehackte Mandeln	
1 EL Rosinen	
1 EL Zucker	und
½ TL Zimt	miteinander vermengen und in die Äpfel füllen. Die Äpfel auf ein mit Backpapier belegtes Backblech setzen und bei 180 °C, je nach Apfelgröße 20 bis 30 Minuten backen.

> Dazu schmeckt eine Vanillesoße oder Vanilleeis. Ein Rezept, um Vanilleeis selbst herzustellen, finden Sie auf Seite 102.

Ananascreme

560 g Ananasstücke aus der Dose	auf einem Sieb abtropfen lassen. Den Ananassaft mit Wasser auf 500 ml auffüllen und aufkochen.
50 g Speisestärke	mit etwas Wasser anrühren und den Saft damit andicken. Mit
75 g Zucker	
1 Pck. Vanillinzucker	und
2 EL Zitronensaft	abschmecken. Wenn die Masse erkaltet ist,
250 ml süße Sahne	steif schlagen und mit den Ananasstücken unter die Creme heben.

Ein Hufeisenklee-Widderchen teilt sich mit Bienen den Nektar.

Gerds Schokoladentraum

150 g Blockschokolade	schmelzen.
1 frisches Ei	und
1 frisches Eigelb	zugeben und glatt rühren.
250 ml süße Sahne	steif schlagen.
1 Eiweiß	zu Schnee schlagen und mit der Sahne unter die Schokolade heben.
2 cl Kognak	unterrühren. In eine Schüssel oder in Portionsgläser füllen. Etwa 4 Stunden kühl stellen.

Herbstblumen

Eine Schwalbe ruht sich aus.

Süßspeisen und Desserts

Himbeertraum (für 6 bis 8 Personen)

500 g Magerquark	in eine Schüssel geben. Mit
50 g Zucker	und dem Saft von
½ Zitrone	verrühren.
500 ml süße Sahne	steif schlagen und unterheben. Nun abwechselnd die Quarkmasse mit
500 g TK-Himbeeren	und
100 g Baiser	in eine Schüssel schichten. Das Baiser dabei zerbröseln und auf den Himbeeren verteilen. Zum Schluss die Quarkmasse einfüllen. Vor dem Servieren mit
brauner Zucker	bestreuen.

> Noch cremiger wird der Himbeertraum mit Sahnequark.

Die Bushaltestelle in Hetzerode

Die Werra führte im Juni 2013 Hochwasser. Für viele an der Werra gelegene Felder und Wiesen hieß das: »Land unter«.

Quitten in Whisky

1 kg Quitten	waschen, schälen, vierteln. Die Kerngehäuse entfernen und die Quitten mit einem Gemüsehobel in feine Scheiben schneiden.
1 kg Zucker	in
250 ml Wasser	auflösen.
1 Zitrone	waschen, die Schale abreiben und den Saft auspressen. Beides dazugeben und mit den Quitten 5 Minuten kochen.
50 g Rosinen	waschen, dazugeben, weitere 5 Minuten kochen, etwas abkühlen lassen.
250 ml Whisky	unterziehen, in Gläser füllen und fest verschließen.

> Im Sommer zu Eis, im Winter zu Schokoladenpudding reichen.

Schmandcreme

500 g Schmand	mit
300 g Naturjoghurt	
100 g Zucker	und
1 Pck. Vanillinzucker	verrühren.
6 Blatt weiße Gelatine	nach Packungsangabe auflösen und unter die Masse ziehen. Wenn die Creme beginnt fest zu werden,
400 ml süße Sahne	steif schlagen, unterheben und in eine Glasschale füllen. Für einen Fruchtspiegel
500 g Erdbeeren	pürieren und auf die Schmandcreme streichen.

> Für den Spiegel kann das Obst nach Jahreszeit und Geschmack gewählt werden.

Denkmal für den Derbysieger Alchimist

Der Hohe Meißner

Von Karlheinz Giesen, Germerode

Der Meißner – oder auch Hoher Meißner – liegt im nordhessischen Bergland, etwa 15 Kilometer westlich der Kreisstadt Eschwege. Er ist nicht nur Wahrzeichen, sondern auch einer der Namensgeber des Werra-Meißner-Kreises. Mit einer Höhe von mehr als 750 Metern überragt er weithin die Landschaft und gilt nicht umsonst als »König der hessischen Berge«. Ursprünglich nannte man ihn »Wissener«, was soviel wie »weißer Berg« bedeutet. Und in der Tat liegt auf ihm oft noch eine weiße Haube, wenn sich im Tal schon der Frühling ankündigt.
Viel Mystisches umgibt den Berg: Wichtel, Hexen, der Teufel selbst haben hier ihre Spuren hinterlassen. Die weltbekannte Frau Holle ist hier zu Hause. In ihrem silbernen Schloss auf dem Grund des geheimnisvollen Frau-Holle-Teiches hütet sie die ungeborenen Seelen und sorgt im Winter für Schnee. Aber sie war zur Zeit unserer Vorfahren auch eine mächtige Göttin. Besonders um die Jahreswende, in den finsteren Rauhnächten zog sie an der Spitze des »Wilden Heeres« durch ihr Reich, Gute belohnend und Böse strafend. Rund um den Meißner gibt es Plätze, die mit ihr verbunden sind: der Todstein bei Abterode, die Hollsteine, die Badestube oder die Kitzkammer, in der ungehorsame Mädchen – in Katzen verwandelt – hausten. Ebenfalls zum Bereich gehört die Kammerbacher oder Hilgershäuser Höhle. Mit einer Länge von 40 Metern gehört sie zu den größten Höhlen Hessens.

Blick zum Hohen Meißner von Reichensachsen/Oberhone aus. Man kann die Sendemasten erkennen.

Interessant ist auch die Geologie. Aus tertiären Sumpfwäldern entstanden ausgedehnte Kohlevorkommen. Vor etwa zehn Millionen Jahren quoll dünnflüssige Lava aus Erdspalten und Verwerfungen, die das Gebiet mit einer bis zu 150 Meter mächtigen Basaltdecke überzogen. Diese schützte den Berg im Gegensatz zum Umland vor Erosion durch Wind und Wasser. Der Kohleabbau am Meißner ist der älteste in Deutschland. Die Saline im heutigen Bad Sooden-Allendorf benötigte große Mengen Holz. Daher war der Berg über viele Jahrhunderte kahl, die umliegenden Dörfer nutzten die Bergwiesen, die sogenannten Huten, für ihr Vieh. Ab 1575 wurde Schwarzkohle, ab 1790 dann Braunkohle abgebaut und zur Befeuerung der Salzpfannen genutzt. Der Untertagebau wurde bis 1929 weitgehend eingestellt. Von 1952 bis 1974 betrieb man dann Braunkohletagebau, der deutliche Spuren am Meißnerplateau hinterlassen hat.

In den verbliebenen Kohleflözen gibt es noch heute eine Besonderheit: Braunkohle neigt zur Selbstentzündung, sie schwelt an einigen Stellen seit Jahrhunderten. An der »Stinksteinwand« kann man bei entsprechender Wetterlage deutlich den Verbrennungsgeruch nach Schwefeldioxyd wahrnehmen. Führungen zur brennenden Meißnerkohle sind eine touristische Attraktion. Immer wieder ist es zu Bergrutschen gekommen. Die alte Bergarbeitersiedlung Schwalbenthal musste vor dem Ersten Weltkrieg aufgegeben werden. Übrig blieb nur das als Gasthof genutzte ehemalige Bergamt. Heute ist auch dieses Gebäude durch Hangrutschungen gefährdet, die Gastronomie eingestellt, die Zukunft ungewiss.

Die herausragende Lage des Berges führte dazu, dass hier während des Kalten Krieges die Bundeswehr und US-amerikanische Einheiten Abhöranlagen unterhielten. Heute betreibt der Hessische Rundfunk eine Sendeanlage.

Im Tourismuskonzept des Werra-Meißner-Kreises und seiner Kommunen ist der Hohe Meißner eine feste Größe. Viele Kilometer gepflegte Wanderwege, Großparkplätze und im Winter gespurte Loipen und Skilifte stehen den Gästen zur Verfügung. Der rührige Naturpark Meißner-Kaufunger Wald kümmert sich um das Wegenetz und hat ein vorbildliches Beschilderungssystem eingerichtet. Neben den schon aufgeführten Sehenswürdigkeiten lohnen vor allem der Knappenpfad und der Barfußpfad einen Besuch. Das Besucherbergwerk »Grube Gustav« bei Abterode, den Bergwildpark in Germerode und die Kripp- und Hielöcher bei Frankershausen sollte man sich nicht entgehen lassen. Eine leistungsfähige Gastronomie auf und am Meißner und moderne Seminarstätten stehen zur Verfügung.

Die sagenumwobene Kitzkammer auf dem Hohen Meißner

Süßspeisen und Desserts

Apfelquark

250 g Sahnequark	mit
1 EL Zitronensaft	
1 EL abgeriebene Zitronenschale	
125 ml Milch	sowie
50 g Zucker	verrühren.
4 Äpfel mit roter Schale	waschen, vierteln und entkernen. Ein Viertel zurücklegen, die restlichen grob raspeln und unter die Quarkmasse heben. Auf 4 Dessertschalen verteilen. Mit
4 EL Schokoraspel	bestreuen. Das zurückgelegte Viertel in Scheiben schneiden und die Quarkspeise damit verzieren.

Vanilleeis mit Schokoladensoße

Vanilleeis

½ Vanilleschote	der Länge nach aufschneiden und das Mark auskratzen.
250 ml Sahne	mit dem Vanillemark und
3 EL Zucker	steif schlagen und mit
3 Eigelb	mindestens 5 Minuten zu einer cremeartigen Masse verrühren. In eine kleine Kastenform füllen und einfrieren.

Schokoladensoße

250 ml süße Sahne	langsam zum Kochen bringen.
150 g Zartbitterschokolade	grob zerkleinern und in der Sahne schmelzen.

Das Keudell'sche Schloss in Wanfried beherbergt das Heimatmuseum. 1996 erhielt der Magistrat der Stadt Wanfried eine Urkunde und Plakette der Hessischen Denkmalschutzbehörde für die vorbildliche Sanierung des historischen Gebäudes.

Süßspeisen und Desserts

Tiramisu (für 4 bis 6 Portionen)

3 Eigelb	mit
100 g Puderzucker	und
4 cl Amarettolikör	schaumig rühren.
500 g Mascarpone	unterrühren.
3 Eiweiß	steif schlagen und vorsichtig unter die Masse heben. In eine große Auflaufform ein Viertel der Creme einfüllen und von
200 g Löffelbiskuits	ein Drittel daraufegen, mit einem Drittel von
1 – 2 Tassen starker Kaffee oder Espresso	beträufeln. Diesen Vorgang zweimal wiederholen und mit Creme abschließen. 4 Stunden im Kühlschrank gut durchziehen lassen. Vor dem Servieren mit
Kakaopulver	bestäuben.

> Das Tiramisu lässt sich gut vorbereiten.

Den Wasserfall im Elfengrund bei Wanfried erreicht man über einen wunderschönen Premiumwanderweg.

Ein besonders schön restauriertes Fachwerkhaus in Wanfried, das Gasthaus »Zum Schwan«.

Apfelquarkkuchen mit Schmanddecke

Boden

200 g Quark	in eine Schüssel geben.
6 EL Milch	
8 EL Öl	
1 Ei	
75 g Zucker	
1 Pck. Vanillinzucker	
1 Prise Salz	
300 g Mehl	sowie
1 Pck. Backpulver	dazugeben und alles zu einem Quark-Öl-Teig verarbeiten. Den Teig auf ein gefettetes Backblech ausrollen und mehrfach einstechen.

Belag

500 g Quark	in eine Schüssel geben, mit
2 Eier	
4 TL Zucker	
1 Pck. Vanillinzucker	
1 TL Mehl	
3 EL süße Sahne	
100 ml Milch	sowie
1 EL abgeriebene Zitronenschale	verrühren und auf dem Boden verteilen.
2 kg Äpfel	schälen, entkernen und in dünne Spalten schneiden. Mit dem Saft von
2 Zitronen	beträufeln und auf dem Quarkbelag fächerartig verteilen.

Schmandguss

500 g Schmand	in eine Schüssel geben, mit
2 Eier	
1 EL Stärkemehl	sowie
80 g Zucker	verrühren und auf den Apfelscheiben verteilen. Bei 180 °C etwa 25 bis 30 Minuten backen.

Der Karlsbrunnen in Eichenberg-Dorf – ein Brunnen mit Ebbe und Flut. Die ihn speisende Quelle wechselt im Tagesverlauf mehrfach die Wasserschüttung. Eine bewiesene Erklärung gibt es für dieses Naturphänomen nicht.

Buttermilchkuchen – ein Tassenrezept

3 Tassen Zucker	mit
3 Eier	
3 Tassen Mehl	
2 Tassen Buttermilch	sowie
1 Pck. Backpulver	zu einem Rührteig verarbeiten. Den Teig auf ein gefettetes Backblech streichen. Bei 175 °C etwa 10 Minuten vorbacken.
100 g Butter	in einer Pfanne schmelzen,
1 Tasse Zucker	darin auflösen.
1 Tasse Kokosraspel	und
2 EL Milch	dazugeben. Leicht anrösten und die Mischung auf dem vorgebackenen Kuchen verteilen. Weitere 10 Minuten fertig backen.

Das Getreide ist reif im Werratal.

Gespalten – Stand gehalten: »Kunst an der ehemaligen innerdeutschen Grenze« in Eichenberg-Bahnhof

Gestürzter Kirschkuchen

75 g Butter oder Margarine	mit
150 g Zucker	
2 Eier	und
1 Prise Salz	in einer Schüssel schaumig schlagen.
125 g Mehl	mit
65 g Stärkemehl	
½ Pck. Backpulver	mischen, durchsieben und unterrühren. Die Schale von
1 Zitrone (unbehandelt)	abreiben und unterrühren. Eine gefettete Springform (Ø 28 cm) mit Backpapier auslegen und
800 g Sauerkirschen	darauf verteilen. Darüber den vorbereiteten Teig geben. Bei 180 °C etwa 50 Minuten backen. Nach dem Erkalten den Kirschkuchen vorsichtig umstürzen und das Backpapier langsam abziehen. Mit etwas
Butter (flüssig)	beträufeln und mit
Puderzucker	bestäuben.

Kirschsteinweitspucker in Witzenhausen

Da läuft einem doch das Wasser im Mund zusammen: volle Körbe mit herrlich reifen Kirschen.

Gewürzkuchen

125 g Butter	mit
200 g Zucker	schaumig schlagen.
3 Eier	unterrühren.
½ TL Zimt	mit
½ TL Nelken	
1 Prise Salz	
300 g Mehl, 3 EL Kakao	und
2 TL Backpulver	vermischen und abwechselnd mit
125 ml Milch	unter die schaumige Masse rühren. Den Teig in eine gefettete Kastenform streichen und bei 180 °C etwa 40 bis 50 Minuten backen. Den Kuchen erkalten lassen und mit einem Zitronenguss überziehen.

Zitronenguss

250 g Puderzucker	in eine Schüssel geben, mit
2 – 3 EL Zitronensaft	verrühren und den Kuchen damit überziehen.

Schloss Berlepsch bei Witzenhausen

Skulpturen in der Kirschenstadt Witzenhausen entlang der Werra

Backwerk – Kuchen

Glühweinkuchen

250 g Margarine	mit
1 Pck. Vanillinzucker	
250 g Zucker	und
4 Eier	schaumig rühren.
250 g Mehl	mit
1 Pck. Backpulver	mischen und unterrühren.
125 ml Glühwein	sowie
150 g Bitterschokolade (geraspelt)	unterheben. Den Teig auf ein gefettetes Backblech streichen, bei 170 °C (untere Schiene) backen, abkühlen lassen.
250 g Puderzucker	mit
7 EL Glühwein	verrühren, den Kuchen damit bestreichen.
125 g Mandeln (gehackt)	in einer Pfanne leicht rösten, den Kuchen damit verzieren.

Früh am Morgen auf der Pferdekoppel

Altar zum Erntedankgottesdienst auf einem Bauernhof

Hefeschnecken

1 Würfel Hefe	in
200 ml lauwarme Milch	mit
80 g Zucker	auflösen. Mit
1 Pck. Zitronenschalen-Aroma	
80 g Margarine oder Butter	
1 Ei	
1 Prise Salz	sowie
600 g Mehl	mit einem Handrührgerät oder per Hand zu einem Hefeteig verarbeiten. An einem warmen Ort etwa 20 Minuten ruhen lassen. Danach auf einem bemehlten Untergrund zu einem Rechteck 30 x 50 cm ausrollen. Mit
80 g flüssige Margarine oder Butter	bestreichen und mit
200 g Rosinen (gewaschen)	bestreuen. Von der Längsseite her aufrollen und in 24 Scheiben schneiden. Die Scheiben auf ein gefettetes Backblech legen und bei 200 °C in etwa 30 Minuten backen.
125 g Puderzucker	mit
½ TL Zimt	und
2 – 3 EL Wasser	zu einem dickflüssigen Guss verarbeiten. Die abgekühlten Schnecken damit bestreichen.

> Schmecken frisch am besten und eignen sich gut zum Mitnehmen in den Garten und für Ausflüge.

Getreideernte

Bodenschonend wird das Holz von Jürgen Bringmann aus dem Wald gezogen.

Frau Holle – wie es wirklich war

Auf dem Meißner wohnt die Frau Holle. Wenn sie ihr Bett macht, fliegen die Federn umher, und dann schneit es. Kocht sie in ihrer Küche, dann steigen viele Wasserdämpfe in die Höhe. Einzelne Wolken ziehen am Meißner hin und bald ist der ganze Berg in Wolken gehüllt.

Die Göttin Hulda schenkte ihr den ganzen Meißnerberg zum Eigentum. Sie gab ihr zum Lohn für ihre Tugend auch eine Zauberglocke. Die besaß Wunderkräfte. Wenn sie damit läutete, so gehorchten ihr die kleinen Geister in Wasser, Feuer, Luft und Erde. Zur Wohnung gab ihr die gute Göttin ein prächtiges Zauberschloss mit einem herrlichen Blumengarten. Beides lag auf dem Grunde eines tiefen Waldteiches, der heißt bis auf diesen Tag »Frau-Holle-Teich«. Für den Sommer erhielt sie über der Erde ein schönes Häuschen, von dem man noch immer einige Spuren sieht. Weil später ein Köhler darin gehaust hat, heißen die Reste nun »Waldmannshäuschen«.

Frau Holle hatte auf ihrem Berge Gewalt über alles, auch über die Menschen. Den Guten und Fleißigen half sie, den Faulen und Schlechten schadete sie.

So hatte Frau Holle schon lange Jahre auf dem Meißner gewaltet. Die einen priesen sie als echte Hulda, die anderen schalten sie als böse Hexe. Besonders

Der Frau-Holle-Teich – mystisch und schön

Der Frau-Holle-Teich auf dem Hohen Meißner

die Faulen und Schlechten erzählten weit und breit viel von dem Hexenspuk auf dem Meißner. Die gute Frau Holle, die Holde, wurde eine Unholdin. Darum wollte auch niemand mehr über den Berg gehen.

Auch ein frommer Einsiedler namens Bernhard hatte am fernen Rhein von dem Teufelsspuk am Meißner viel gehört. Er war selbst aus dem Hessenlande gebürtig, und er machte sich auf, um die bösen Geister zu bannen. Er stellte sich unter eine dicke Buche, rief einen Bannspruch in den Wald hinein und verbot darin den bösen Geistern, noch länger Zauberei zu treiben. Feierliche Stille folgte seinen Worten. Aber plötzlich vernahm er den Klang einer sanften Stimme, die vom Weinbusch herübertönte. Es war die seines Weibes, das er einst so elend gemacht hatte. Bernhard war nämlich Holle. Er hatte sich gebessert und war ein Heidenbekehrer geworden. Seine Frau hielt ihm alle seine Sünden vor und verfluchte ihn. Er aber bat sie herzlich um Vergebung. Dann predigte er ihr von Jesus Christus, der die Menschen von den Sünden erlöst hat, und bat sie, abzulassen vom Götzendienst und der Zauberei. Da versöhnte sie sich endlich mit ihm, wurde eine Christin, warf die Zauberglocke in den Holleteich und wurde wieder die Frau ihres Mannes. Beide lebten fortan in Glück und Frieden bis an ihr seliges Ende.

Noch jetzt lebt die Frau Holle im Holleteich. Zuweilen kann man sie um die Mittagsstunde in dem Teiche baden sehen. Bald zeigt sie sich als eine schöne, weiße Frau in der Mitte des Teiches, bald ist sie unsichtbar, und man hört bloß aus der Tiefe ein Glockengeläute und finsteres Rauschen. Das Volk erzählt von ihr vielerlei – Gutes und Böses. Weiber, die zu ihr in den Brunnen steigen, macht sie gesund. Aus ihrem Brunnen stammen die neugeborenen Kinder, und sie trägt sie daraus hervor. Blumen, Obst und Kuchen, die sie unten im Teich hat, und das, was in ihrem unvergleichlichen Garten wächst, teilt sie denen aus, die ihr begegnen oder zu gefallen wissen. Sie ist sehr ordentlich und hält auf guten Haushalt. Faule Spinnerinnen straft sie, indem sie ihnen den Rock besudelt, das Garn wirrt oder den Flachs anzündet. Jungfrauen aber, die fleißig abspinnen, schenkt sie Spindeln oder spinnt selber für sie über Nacht, dass die Spulen des Morgens voll sind. Faulenzerinnen zieht sie die Bettdecke ab. Fleißige, die in reingescheuerten Eimern schon frühmorgens Wasser zur Küche tragen, finden Geld darin. Gern zieht sie Kinder in ihren Teich. Die guten macht sie zu Glückskindern, die bösen zu Wechselbälgern. Oft erscheint sie auch als tückisch oder neckend, indem sie den Menschen, besonders den Weibern, das Haar verwirrt und zerzaust. Darum heißen die mit verworrenen Haaren »Hollerkopf«, und die Leute sagen: Die Haare sind »hollerisch« oder »verhollert«.

Aus: Sagen unserer Heimat; Karl Gier; Copyright 2001;
Eigenverlag von Karl Gier, Meißner-Alberode, Books on Demand GmbH

Am Frau-Holle-Teich – fast wie bei den Hobbits

Hohenhaus Birnentarte

70 g weiche Butter	mit
50 g Puderzucker	und
1 Prise Salz	mit den Knethaken des Handrührers glatt rühren.
1 Eigelb	kurz unterarbeiten.
130 g Mehl	zugeben und unterkneten. Den Teig zwischen Klarsichtfolie zu einem flachen runden Stück formen. In Folie gewickelt zwei Stunden kalt stellen. Den Ofen auf 220 °C vorheizen. Den Teig auf einer leicht bemehlten Arbeitsfläche zu einem Kreis (Ø 26 cm) ausrollen. In eine Springform (Ø 24 cm) legen und einen 2 cm hohen Rand hochziehen. In den Rand mit einer Gabel ein Muster drücken. Den Tortenboden 5 Minuten einfrieren. Dann 8 bis 10 Minuten blind backen. Auf einem Kuchengitter abkühlen lassen.
3 – 4 reife Birnen	in Spalten oder Hälften schneiden. Auf dem vorgebackenen Boden kreisförmig auslegen.
2 Eier	schaumig schlagen.
160 g Zucker	unter Rühren einrieseln lassen. Weiterrühren, bis sich der Zucker ganz gelöst hat.
30 g geschmolzene Butter	
30 ml süße Sahne	
etwas Zitronenabrieb	
50 g Mehl	
1 Msp. Vanillemark	gründlich unterrühren. Die Masse über die Birnen verteilen. 15 Minuten bei 220 °C auf der mittleren Schiene backen. Dann die Temperatur auf 200 °C reduzieren und die Tarte nochmals 25 Minuten backen. Auskühlen lassen.

> Blind backen: Der Boden wird ohne Belag/Füllung gebacken. Dabei soll der Rand aufgehen, der Boden aber flach bleiben. Deshalb wird der Teigboden mit einer Gabel mehrfach durchstochen, mit Pergamentpapier oder Aluminiumfolie ausgelegt und mit getrockneten Erbsen, Bohnen, Kichererbsen oder Ähnlichem beschwert.

Frau Holle im Holleum in Hessisch Lichtenau

Backwerk – Kuchen

Inges Rotweinkuchen

170 g Margarine oder Butter — mit
200 g Zucker
3 Eier
1 Pck. Vanillinzucker
250 g Mehl
1 Pck. Backpulver
1 TL Zimt
1 TL Kakao
100 g Schokoladenstreusel — sowie
100 ml Rotwein — zu einem Rührteig verarbeiten. Eine Kastenform mit
1 EL Margarine — ausfetten. Mit
1 EL Grieß — ausstreuen. Den Teig einfüllen und bei 180 °C etwa 50 Minuten backen. Nach dem Erkalten mit
2 EL Puderzucker — bestäuben.

> Er hält sich mehrere Tage frisch, wenn er mit einem Schokoladenguss überzogen wird.

Der Kalbesee auf dem Hohen Meißner. Nachdem von 1949 bis 1974 Braunkohle über Tage abgebaut wurde, entstand dieser 20 000 Quadratmeter große See.

Goldmarie und Pechmarie im Holleum in Hessisch Lichtenau

Backwerk – Kuchen

Kalter Hund

Ein Hit – nicht nur bei Kindergeburtstagen

250 g Kokosfett	schmelzen, mit
125 g Puderzucker	
1 Pck. Vanillinzucker	
50 g Kakao	
2 EL Rum (bei Kindern ersatzweise Rumaroma)	sowie
2 frische Eier	gut verrühren.
250 – 300 g Butterkekse	lagenweise abwechselnd mit der Creme in eine mit Pergamentpapier ausgelegte Kastenform schichten. Als untere Schicht Kakaomasse, als oberste Schicht Kekse nehmen. Gut durchkühlen!

**Störche bei Herleshausen.
In der Werraaue gibt es genug Nahrung.**

**Eine Floßfahrt auf der Werra
macht allen Spaß.**

Kaffeekuchen

200 g weiche Butter	mit
200 g Zucker	
2 Pck. Vanillinzucker	und
1 Prise Salz	schaumig rühren.
4 Eier	unterrühren.
400 g Mehl	und
1 Pck. Backpulver	abwechselnd mit
150 ml Milch	unterrühren.
120 g Schokoladenraspel	zum Schluss unterheben. Den Teig auf ein gefettetes Backblech streichen. Bei 175 °C (Umluft) etwa 25 Minuten backen.

Kaffeeguss

250 g Puderzucker	in eine Schüssel geben, mit
2 TL Kaffee (Pulver oder Espressostick)	
1 EL flüssige Butter	und
2 – 3 EL heißes Wasser	zu einer glatten Glasur verrühren und auf dem noch warmen Kuchen verteilen.

LandFrauen bieten eine Ruck-Zuck Backmischung im Glas an.

Das Nachtwächterhaus in Herleshausen

Schmand-Joghurt-Schokoladen-Torte

2 Eier	mit
2 EL Wasser	
75 g Zucker	und
1 Pck. Vanillinzucker	weiß-schaumig schlagen.
50 g Mehl	
40 g Speisestärke	und
1 TL Backpulver	mischen, sieben und unterheben. Eine Springform (Ø 28 cm) mit
1 EL Margarine	ausstreichen und mit
2 EL Grieß	ausstreuen. Die Biskuitmasse einfüllen und bei 170 °C etwa 10 bis 12 Minuten backen. Auskühlen lassen und auf eine Tortenplatte legen.
400 g Schmand	darauf verteilen. Dann
300 g frische Himbeeren	darauf verteilen.
400 ml süße Sahne	mit
100 g Getränkepulver Himbeergeschmack	und
2 Pck. Sahnesteif	steif schlagen und darauf verteilen.
100 g gut gekühlte Joghurtschokolade	Mit dem Sparschäler von der längeren Seite her abraspeln. Die Späne auf der Torte verteilen. 1 Stunde kühl stellen.

Die Torte schmeckt auch mit 1 kleinen Dose Mandarinen, dann verwendet man aber 1 Beutel Getränkepulver Orangengeschmack.

Eine Gedenktafel für Wilhelm Grimm, der in der Kirche von Großalmerode konfirmiert wurde.

Quarkkräppel

500 g Quark	
6 Eier	
6 EL Zucker	
2 Pck. Vanillinzucker	
500 g Mehl	
2 Pck. Backpulver	und
4 EL Öl	mit den Knethaken des Handrührgerätes zu einem Teig verkneten. Mit zwei Teelöffeln Bällchen abstechen und in heißem
Fett oder Öl	ausbacken. Noch heiß in
Puderzucker	wälzen.

Schmandguss für Blechkuchen

250 g Schmand	in eine Schüssel geben, mit
200 g saure Sahne	
3 EL Zucker	sowie
3 EL Mehl	gut verrühren.
3 Eier	trennen und das Eigelb unterrühren.
½ TL Zimt	dazugeben. Das Eiweiß steif schlagen und unterheben.

> Dieser Schmandguss eignet sich für alle fruchtigen Hefekuchen auf dem Blech.

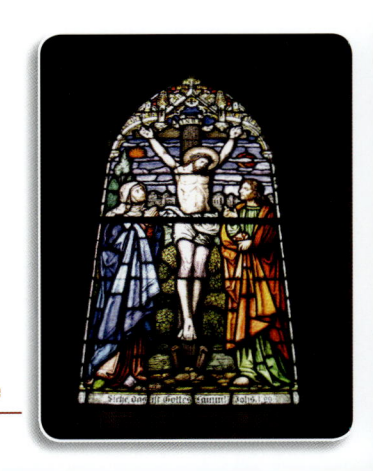

Kirchenfenster in der Kirche von Großalmerode

Backwerk – Kuchen

Maikes Käsekuchen

250 g Mehl	mit
3 TL Backpulver	mischen, in eine Schüssel geben.
100 g Zucker	mit
1 Pck. Vanillinzucker	und
1 Ei	sowie
125 g Butter	zum Mehl geben und zu einem Mürbeteig verkneten. Den Teig etwa 1 Stunde kühlen, dann in einer Springform (Ø 28 cm) auslegen, einen Rand hochziehen und mehrfach mit einer Gabel einstechen.

Quarkmasse

500 g Magerquark	in eine Schüssel geben,
150 g Zucker	und
150 ml Öl	
1 Pck. Sahnepudding-Pulver	
3 Eigelb	
1 Pck. Vanillinzucker	sowie
125 ml Milch	zum Quark geben und gut verrühren. Die Quarkmasse in die Form geben. Bei 180 °C etwa 35 Minuten backen, dann
3 Eiweiß	mit
3 EL Zucker	und
etwas Zitronensaft	steif schlagen, auf der Quarkmasse verteilen und weitere 10 Minuten backen. Dies gibt einen schönen Gold-Tröpfchen-Effekt.

> Das steif geschlagene Eiweiß kann auch vor dem Backen unter die Quarkmasse gehoben werden, dann wird die Quarkmasse schön locker.

Das Rittergut Markershausen

Mohnkuchen auf dem Blech

200 g Butter	in eine Schüssel geben und cremig schlagen.
250 g Zucker	mit
1 Pck. Vanillinzucker	mischen, zur Butter geben, weiterrühren.
5 Eier	einzeln unterschlagen.
500 g Schmand	unterrühren.
250 g Mohn (ungemahlen)	sowie
200 g Mehl	mit
1½ Pck. Backpulver	mischen, unterheben. Den Rührteig auf ein gefettetes Backblech streichen. 20 bis 25 Minuten bei 175 °C backen. Dann
250 ml süße Sahne	mit einem Pinsel auf dem warmen Kuchen verstreichen. Nach dem Abkühlen
150 g Schokolade	mit
25 g Kokosfett	schmelzen.
200 ml süße Sahne	zugeben und den Mohnkuchen damit überziehen. Mit
Mandeln (gehackt oder gehobelt)	bestreuen.

Der Schlossturm von Wommen

Der Bahnhof in Herleshausen – Hier kamen 10 000 Spätheimkehrer an.

So ist das Leben – nehmen und geben

Von Ingrid Baum, Herleshausen

Gekommen sind die Spätheimkehrer

Im sogenannten »Kalten Krieg«, in den Jahren nach Kriegsende, vereinbarte Konrad Adenauer bei einem Besuch in Moskau am 8. September 1955 mit Nikita Chruschtschow mündlich die Rückführung der letzten 10 000 Kriegsgefangenen, die in Lagern östlich des Urals Zwangsarbeit leisteten.
Das Rote Kreuz in Westdeutschland und Polen sowie der sowjetische Rote Halbmond organisierten in kurzer Zeit den größten Personenaustausch der Nachkriegszeit. Die Gefangenen wurden zusammengezogen und über Polen nach Frankfurt/Oder verbracht. Ab da hat man sie mit Güterzügen über den Grenzpunkt Wartha nach Herleshausen gefahren. Hier übergaben die sowjetischen Begleitoffiziere die Heimkehrer, die auf Listen verzeichnet waren, an die Mitarbeiter des DRK.
Ab Oktober 1955 feierten die Westdeutschen die Heimkehr der Zehntausend. Es gab viele glückliche Gesichter mit Freudentränen von angereisten Angehörigen, aber auch die traurige Gewissheit, dass es der Mann, Vater oder Sohn leider doch nicht geschafft hatte, die lange, schwierige Gefangenschaft zu überleben.
Nach einer liebevollen Erstversorgung konnte jeder Soldat seiner Familie ein Telegramm über seine Ankunft in Herleshausen schreiben. Danach wurden sie mit Bussen, die in der Bahnhofstraße standen (hier steht heute auch ein Denkmal für die Heimkehrer) auf der »Straße der frohen Herzen« nach Friedland gefahren.

Gegeben wurden den sowjetischen Soldatengräbern ihre Namen

Ein Barackenlager, das 1939 zum Bau der Reichsautobahn erbaut wurde, richtete die Wehrmacht 1940 als Kriegsgefangenenlager für französische, dann sowjetische Gefangene ein. Zwei Jahre später brach in einigen anderen Gefangenenlagern Tuberkulose aus. Die erkrankten sowjetischen Soldaten wurden alle nach Herleshausen verlegt. Hier starben sie dann auch an der Krankheit und mangelnder Versorgung. Der damals ehrenamtliche Bürgermeister und Standesbeamte setzte gegen den Widerstand der SS-Oberen durch, dass Namen, Heimatanschrift und Lebensdaten der Toten im Sterbebuch des Standesamtes durch einen Totenschein dokumentiert und die Toten beigesetzt wurden, wie es das preußische Standesamtsgesetz verlangte.

Hier liegen 1593 Soldaten begraben, deren Angehörige vom Verband Deutscher Kriegsgräberstätten in der ehemaligen Sowjetunion benachrichtigt wurden.

Seit 2013 hat die Reservistenkameradschaft Südringgau die Pflege der Gedenkstätte übernommen. Noch heute kommen Angehörige der Verstorbenen auf den Friedhof, um sie zu besuchen oder von ihnen Abschied zu nehmen. Sie bringen dann oft Erde aus der Heimat mit und nehmen vom Friedhof etwas mit zurück, um die Seelen zu vereinen.

Grabtafel auf dem Soldatenfriedhof bei Herleshausen

Gedenkstein für die Spätheimkehrer

Schokoladentarte

6 EL Milch	erwärmen.
200 g Blockschokolade	mit
150 g Butter	darin schmelzen.
75 g feiner Zucker	mit
3 geh. EL Mehl	unterrühren.
3 Eier	trennen. Das Eigelb in den Teig rühren, das Eiweiß mit
1 Prise Salz	sehr steif schlagen und vorsichtig unter die Masse heben. Den Teig in eine gefettete Spring- oder Tarteform (Ø 28 cm) füllen und in den kalten Ofen schieben. 30 bis 40 Minuten bei 150 °C backen.

> Die Oberfläche des Kuchens ist etwas knusprig und im Inneren ist er gerade so, dass er nicht mehr flüssig ist. Vor dem Verzehr 1 bis 2 Tage in Zellophan verpackt durchziehen lassen und mit Eis, Früchten, Sahne oder pur servieren.

Zucchinischnitten

3 Eier	mit
400 g Zucker	schaumig rühren.
150 ml Öl	und
150 g gemahlene Haselnüsse	dazugeben und unterrühren.
300 g Mehl	
½ TL Natron	
½ TL Backpulver	sowie
1 TL Zimt	vermischen und löffelweise unterrühren. Zum Schluss
300 g geraspelte Zucchini	unterrühren. Den Teig auf einem mit Backpapier ausgelegten Backblech verstreichen und bei 200 °C etwa 35 Minuten backen.
200 g dunkle Kuvertüre	schmelzen und auf den noch warmen Kuchen streichen.

Der Obermarkt in Eschwege

Backwerk – Kuchen

Waffeln mit geraspelten Äpfeln

200 g Butter	mit
50 g Zucker	
1 Prise Salz	
1 TL Zimt	
1 Prise gem. Nelken	und
3 Eier	schaumig rühren.
200 g Mehl	
1 TL Backpulver	und
50 g gehackte Mandeln	unterheben.
1 EL Rum	zufügen und aus allen Zutaten einen Rührteig herstellen.
250 g Äpfel	waschen, schälen, entkernen. Die Äpfel grob raspeln und unter den Teig heben. Portionsweise im Waffeleisen goldbraune Waffeln ausbacken. Mit
3 EL Puderzucker	bestäuben.

> Zur Kaffeetafel mit geschlagener Sahne verzieren oder noch warm mit Vanilleeis und geschlagener Sahne servieren.

Das Zinnfigurenkabinett in der Kemenate in Eschwege zeigt Weltgeschichte im Kleinformat.

Das ehemalige Stift auf dem Schulberg in Eschwege

Windbeutel

250 ml Wasser	mit
1 Prise Salz	und
60 g Butter	in einen Topf geben und zum Kochen bringen.
130 g Mehl	zufügen und umrühren bis sich am Boden eine weiße Schicht bildet und sich ein Kloß gebildet hat. Die Teigmasse in eine Rührschüssel geben.
4 Eier	nacheinander unterschlagen (pro Ei 1 Minute).
1 Prise Backpulver	zugeben und kleine Häufchen mit zwei Teelöffeln auf ein mit Backpapier ausgelegtes Backblech setzen. Bei 200 °C etwa 20 bis 25 Minuten backen. Direkt nach dem Backen die Deckel abschneiden und auskühlen lassen. Beliebig mit
süße Sahne (steif geschlagen)	und
Obst	füllen und mit
Puderzucker	bestäuben.

Blick vom Berliner Turm bei Datterode in das Wehretal. Man sieht Reichensachsen, Oberhone und ganz im Hintergrund den Fürstenstein.

Werra-Wellen

250 g Butter	mit
1 Pck. Vanillinzucker	
1 Prise Salz	sowie
250 g Zucker	weiß-schaumig schlagen.
4 Eier	unterrühren.
500 g Mehl	mit
1 Pck. Backpulver	mischen. Abwechselnd mit
125 ml Milch	zur schaumigen Masse geben und alles zu einem Rührteig verarbeiten. Die Hälfte des Teiges auf ein gefettetes Backblech streichen. Die andere Hälfte mit
20 g Kakao	und
1 – 2 EL Milch	verrühren und auf den hellen Teig streichen.
360 g Sauerkirschen ohne Saft aus dem Glas	abtropfen lassen und auf dem Teig verteilen. Bei 200 °C etwa 20 Minunten backen.

Buttercreme

750 ml Milch	Etwas Milch zum Anrühren abnehmen, die übrige Milch in einen Topf geben. Mit
3 EL Zucker	und
1½ Pck. Vanillepudding-Pulver	nach Packungsanweisung einen Pudding kochen, auf Zimmertemperatur abkühlen lassen.
250 g Butter (Zimmertemperatur)	mit
125 g Puderzucker	schaumig rühren.
25 g Kokosfett	auflösen. Wenn die Zutaten die gleiche Temperatur haben, Pudding, Zucker-Butter und Kokosfett miteinander verrühren und auf den erkalteten Kuchen streichen. Zum Schluss
200 g Schokoladen-Kuvertüre	auflösen, auf die Buttercreme streichen.

Der Datteröder Gänsekerl

Schneewittchen-Kuchen

Teig

250 g Butter	in eine Schüssel geben, cremig rühren.
250 g Zucker	und
1 Pck. Vanillinzucker	zugeben und weiß-schaumig rühren.
4 Eier	nach und nach zugeben.
250 g Mehl	mit
3 TL Backpulver	mischen und unterheben. Zu einem Rührteig verarbeiten. Zwei Drittel des Teiges auf ein gefettetes Backblech streichen. Ein Drittel des Teiges mit
1 EL Kakao	gut mischen und auf den hellen Teig streichen. 20 bis 30 Minuten bei etwa 180 °C backen.

Belag

720 g Sauerkirschen ohne Saft aus dem Glas	auf einem Sieb abtropfen lassen und die Kirschen auf den ausgekühlten Rührteig geben. Aus 500 ml Sauerkirschsaft mit
2 Pck. Tortenguss	nach Anweisung einen Guss kochen, auf den Sauerkirschen verteilen, abkühlen lassen.
500 ml süße Sahne	mit
2 Pck. Vanillinzucker	steif schlagen und auf den Kirschen verteilen.

Schokoladenguss

125 g Kokosfett	bei geringer Hitze schmelzen.
3 EL Zucker	
3 EL Kakao	
3 EL Milch	sowie
1 frisches Ei	in einer Schüssel gut verrühren. Das geschmolzene Kokosfett langsam unterrühren und alles zu einem glatten Schokoladenguss verrühren. Den Guss sofort auf der Sahne verteilen.

Jagdbild am Rittergut in Friemen

Zwetschgenkuchen mit Sahnequarkhaube

125 g Butter	schaumig rühren.
125 g Zucker	
1 Pck. Vanillinzucker	dazugeben und so lange rühren, bis sich der Zucker gelöst hat.
3 Eier	nacheinander unterrühren. Dann
5 EL Milch	
300 g Mehl	und
1 geh. TL Backpulver	dazugeben und gut zu einem Rührteig verrühren.
60 g Schokoladenraspel	unterheben. In eine gefettete Springform (Ø 28 cm) füllen.
750 g Zwetschgen	waschen, entsteinen und den Kuchen damit belegen. Bei 170 °C etwa 30 Minuten auf der mittleren Schiene backen, auskühlen lassen.

Sahnequarkhaube

250 g Sahnequark	in eine Schüssel geben, mit
40 g Zucker	und
4 Tropfen Zitronenaroma	mit dem Handrührgerät aufschlagen.
250 ml süße Sahne	steif schlagen, unterheben und auf dem Kuchen verteilen.
1 EL Zimt	darüberstreuen, etwa zwei Stunden gut durchkühlen lassen.

Das Museum im alten Boyneburger Schloss in Wichmannshausen

Apfelbiskuit mit Schokoguss

6 Eier	trennen, das Eigelb mit
250 g Zucker	weiß-schaumig schlagen.
75 g Grieß	
1 EL Kakao	
250 g Äpfel (geraspelt)	und
120 g Haselnüsse (gemahlen)	unterheben. Das Eiweiß steif schlagen, ebenfalls unterheben. Den Teig in eine am Boden gefettete Springform (Ø 28 cm) füllen. Bei 200 °C etwa 35 Minuten backen. Den Kuchen mit
2 – 3 EL Aprikosenmarmelade	und
Schokoladen-Kuvertüre	überziehen. Zum Schluss mit
Haselnussblättchen	bestreuen.

Stallhasen

Auch Apfelbäume stehen im Frühling in voller Blütenpracht.

Bratapfeltorte

250 g Mehl	
½ Pck. Backpulver	
125 g Zucker	
1 Pck. Vanillinzucker	
1 Ei	
150 g Margarine	zu einem Mürbeteig verkneten, etwa 1 Stunde kalt stellen. Den Mürbeteig in eine Springform (Ø 28 cm) geben und einen Rand hochziehen.
8 kleine Äpfel (Boskop)	schälen, Kerngehäuse entfernen und die Äpfel auf den Teig in die Springform setzen. Die Äpfel mit
100 g Marzipan oder 150 g Rum-Rosinen	füllen.
750 ml süße Sahne	mit
125 g Zucker	und
1 Pck. Vanillinzucker	aufkochen,
1 Pck. Vanillepudding-Pulver	nach Anweisung unter die Sahne rühren, nochmals aufkochen. Die Masse heiß auf die Äpfel gießen. Bei 170 °C etwa 1 Stunde backen, dann
Mandelplättchen	daraufstreuen und noch etwa 5 Minuten fertig backen. Anschließend 24 Stunden in der Form auskühlen lassen.

Pack die Badehose ein ... Badestrand am Werratalsee bei Eschwege.

Die Australian Shepherdhündin Jynx hat Spaß am Laufen.

Baisertorte

100 g Butter	in eine Schüssel geben und mit
100 g Zucker	weiß-schaumig rühren.
4 Eigelb	unterrühren.
150 g Mehl	durchsieben, mit
1 Pck. Backpulver	mischen und unter den Teig rühren. Den Teig auf zwei gefettete Springformböden (Ø 26 cm) streichen.
4 Eiweiß	mit
200 g Zucker	zu einem festen Baiser schlagen und je die Hälfte auf einen Teigboden streichen.
100 g Mandelplättchen	auf beiden Formen verteilen. Im Umluftbackofen bei 175 °C etwa 20 Minuten backen.

Belag

360 g Stachelbeeren aus dem Glas	auf einem Sieb abtropfen lassen. Den Saft erhitzen und mit
1 Pck. Vanillepudding-Pulver	nach Packungsanweisung andicken. Stachelbeeren unterheben und auf einem Boden verteilen.
250 ml süße Sahne	mit
1 TL Puderzucker	steifschlagen und auf die abgekühlten Stachelbeeren streichen. Den zweiten Boden mit einem elektrischen Messer in 12 Stücke teilen und auf die Sahne setzen.

Die Stachelbeeren können durch anderes Obst ersetzt werden. Wenn es schnell gehen soll, zum Beispiel Mandarinen abgetropft unter die Sahne heben.
Die Masse reicht auch für ein Backblech aus. Dann den fertig gebackenen Kuchen teilen, füllen und zusammensetzen.

Beeren naschen – auch den Kleinsten schmeckt's!

Cocktail-Torte

125 g Butter	mit
125 g Zucker	und
3 Eigelb	schaumig schlagen.
125 g Haselnüsse (gemahlen)	mit
60 g Weizenmehl	
1 TL Zimt	sowie
2 TL Backpulver	mischen und unterrühren.
3 Eiweiß	steif schlagen und unterheben. Den Teig in eine Springform (Ø 28 cm) füllen und bei 180 °C etwa 25 Minuten backen. Nach dem Erkalten eine dünne Schicht (Unebenheiten vom Backen) abschneiden und zerkrümeln. Mit
4 EL Schokolade (geraspelt)	mischen, zum Verzieren aufheben.

Füllung

500 g Magerquark	mit
130 g Zucker	
6 Tropfen Zitronenaroma	und
1 geh. TL Sofort-Gelatine	aufschlagen.
820 g Fruchtcocktail aus der Dose	abtropfen lassen und die Früchte unterheben. Einen Tortenring um den ausgekühlten Boden stellen, Quarkmasse einfüllen und mit den Schoko-Krümeln bestreuen. 3 Stunden gut durchkühlen lassen. Die Krümel dann mit
Sahnetupfer und frische Beeren	verzieren.

> Für die Vorweihnachtszeit: Stern aus Backpapier ausschneiden und auf die Quarkmasse legen, Krümel nur drumherum streuen.

> Für die Sommerzeit: Zimt weglassen und durch Mandel- oder Rumaroma ersetzen. Dosenobst durch frisches Obst (Erdbeeren, Himbeeren) austauschen. Auch Johannisbeeren schmecken sehr gut in der Torte, dann sollte der Zuckeranteil in der Quarkmasse erhöht werden.

Die Brombeeren sind fast reif.

Backwerk – Torten

Gebackene Schmand-Mohn-Torte

Boden

125 g Butter	
125 g Zucker	
1 Ei	
250 g Mehl	und
1½ TL Backpulver	zu einem Knetteig verarbeiten. In eine gefettete und mit
Semmelbrösel	ausgestreute Springform (Ø 28 cm) drücken und einen Rand hochziehen.

Belag 1

750 ml Milch	in einen Topf geben, erhitzen.
120 g Grieß	
200 g gemahlener Mohn	sowie
180 g Zucker	dazugeben und aufkochen, dann abkühlen lassen.
2 cl Rum	unterrühren. Auf den Teig in die Springform füllen.

Belag 2

3 Eigelb	mit
4 EL Zucker	
4 TL Vanillinzucker	
5 EL Milch	sowie
300 g Schmand	verrühren.
3 Eiweiß	steifschlagen und vorsichtig unter die Schmandmasse heben, auf der Mohnmasse verteilen. Bei 170 °C etwa 45 Minuten auf der untersten Schiene backen. In der Form auskühlen lassen.

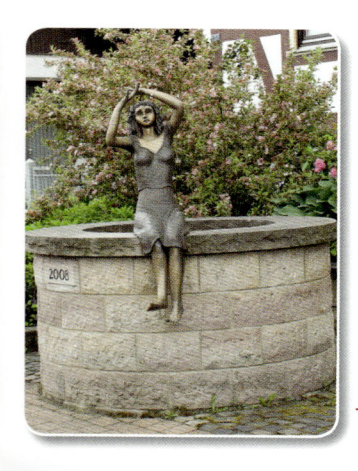

Pechmarie auf dem Brunnen in Vockerode

Gebackene Walnusstorte

150 g Butter	in eine Schüssel geben,
125 g Zucker	
1 Pck. Vanillinzucker	
250 g Mehl	sowie
½ Pck. Backpulver	dazugeben. Alles zu einem Knetteig verarbeiten. Eine Springform (Ø 26 cm) mit
1 EL Margarine oder Butter	einfetten und mit
2 EL Grieß oder Paniermehl	ausstreuen. Den Teig auf dem Boden der Form ausrollen und einen Rand hochdrücken.

Belag

100 g Butter	mit
150 g Zucker	
1 Pck. Vanillinzucker	sowie
3 Eigelb	cremig schlagen.
200 g gemahlene Walnüsse	
50 g Mehl	
½ Pck. Backpulver	und
1 Msp. Zimt	unterrühren.
4 Eiweiß	steif schlagen und unterheben. In die Form füllen. Bei 160 °C etwa 50 Minuten backen. In der Form auskühlen lassen.

> … mal anders geschnitten: Die Torte vierteln und jedes Viertel abwechselnd von rechts und von links bis zur Mitte einschneiden. Die einzelnen Streifen werden immer kleiner, so ist für jeden etwas dabei.

Am Barfußpfad auf dem Hohen Meißner

Mein schönstes Geburtstagsgeschenk

Von Monika Dewath-Timmerberg, Dudenrode

Unsere große Schafherde, die schon viele Jahre »Fressarbeit« verrichtet, um die Kulturlandschaft um den Meißner bis ins Werratal offen zu halten, führte im Jahr 2000 auch einige Ziegen mit. Nun verhalten sich Ziegen beim Lammen und bei der Betreuung ihrer Zicklein in der Herde anders als Schafe. Die Schaflämmchen laufen immer bei Fuß, folgen der Mutter und lernen so schnell mitzuziehen. Anders die Ziegenlämmer! Sobald beim Hüten eine neue Fläche erreicht ist, werden sie von der Mutterziege unter einem Busch oder in einer Hecke geschützt abgelegt. Eigentlich ganz clever. Aber die Ziegen fressen in Ruhe zwischen den Schafen und zieht die Herde weiter, gehen die Ziegen mit. So etwa nach 500 Metern bemerken sie, dass ihre Zicklein fehlen. Sie sausen aus der Herde heraus, holen ihre »Kinder« ab und folgen ganz langsam. Das alles sehr zum Stress der Hütehunde und des Schäfers. Um diesem Aufwand zu entgehen, hatten wir die Ziegen, Zicklein sowie zwei Schafe mit Lämmern in jenem Jahr in eine Koppel mit Festzaun in Dudenrode gestellt. Die Herde zog weiter durch die Dudenröder Täler in Richtung Oberrieden. Die Koppeltiere habe ich täglich kontrolliert, zugefüttert und die Lämmer entwickelten sich prächtig.

Am zehnten Tag komme ich zur Koppel und sie ist leer. Die kleine Bande war ausgerissen. Anhand der Tritt- und Kotspuren konnte ich den Weg kurz verfolgen, er führte in den Wald. Drei Stunden habe ich im Wald und dem angrenzenden Grünland gesucht – vergebens. Auch am nächsten Tag suchte ich noch viele Stunden umsonst. Nun konnten wir nur auf einen Anruf desjenigen warten, der die Tiergruppe gesehen hatte. Drei Tage kein Anruf! Ich war niedergeschlagen, traurig und am nächsten Tag hatte ich Geburtstag. Morgens fuhr mein Mann nach Oberrieden, um eine große Tageskoppel für die Herde zu bauen. Die Kinder fuhren freiwillig mit, um zu helfen, damit mehr Zeit für Mama blieb. Als alle wieder nach Hause kamen, konnte ich schon wieder etwas lachen und mich über die Hilfe der Kinder freuen. Mein Mann hielt die Hände auf dem Rücken und sagte: »Wir haben ein wunderbares Geschenk für Dich«. Ich war gespannt und wollte sehen, was er versteckte. Er aber sagte: »Als wir nach Oberrieden kamen, standen die Ziegen neben der Herde. Diesen Strauß Margeriten sollen wir dir mitbringen.« Sie hatten den acht Kilometer langen Weg allein gefunden. Das war mein schönstes Geburtstagsgeschenk.

Meißner Lämmer im Naturschutzgebiet am Ellerstein bei Frankershausen

Walnusstorte

Biskuitboden

4 Eier	trennen. Das Eigelb mit
60 g Zucker	weiß-schaumig schlagen.
200 g gemahlene Walnüsse	mit
1 TL Speisestärke	sowie
2 TL Backpulver	mischen und unterheben. Das Eiweiß mit
60 g Zucker	steif schlagen und unter die Nussmasse heben. In eine Springform (Ø 28 cm) füllen und bei 150 °C etwa 40 Minuten backen. Den ausgekühlten Boden einmal durchschneiden.

Füllung

500 ml süße Sahne	mit
1 TL Zucker	steif schlagen und etwas
Rum	unterrühren. Den unteren Boden mit drei Viertel der Sahne bestreichen. Den oberen Boden darauflegen und die restliche Sahne daraufstreichen.
200 g Marzipanrohmasse	auf
150 g Puderzucker	ausrollen und über die Torte ziehen. Zum Verzieren das restliche Marzipan in beliebiger Form ausstechen, z.B. kleine Herzen. Zu Weihnachten mit Sternen verzieren.

Ziegen bei der Schafherde

Kartoffeltorte

Von Helga Wagner, Dudenrode

250 g Kartoffeln	schälen, als Salzkartoffeln kochen und gleich zerstampfen, erkalten lassen.
6 Eigelb	mit
200 g Zucker	und
1 Pck. Vanillinzucker	schaumig rühren. Dann
200 g gemahlene Haselnüsse	mit
1 Pck. Backpulver	mischen und unterrühren. Die gestampften Kartoffeln zugeben und verrühren.
6 Eiweiß	zu steifem Schnee schlagen und unterheben. Eine mit Backpapier ausgelegte Springform (Ø 28 cm) mit dem Teig befüllen und bei 170 °C etwa 45 Minuten backen.
130 g Puderzucker	mit dem Saft von
1 Zitrone	verrühren und die Kartoffeltorte damit überziehen.

Die Torte kann auch mit einem Schokoladenguss überzogen werden.

Kirche »mini« und »maxi« in Schemmern

Kirsch-Krümeltorte

200 g Mehl	
100 g Zucker	
100 g Margarine oder Butter	
1 Ei	und
½ TL Backpulver	zu einem Mürbeteig verkneten und etwa 30 Minuten kühlen. Dann in einer gefetteten Springform (Ø 26 cm) ausrollen und einen Rand hochdrücken.
720 g Kirschen aus dem Glas	auf ein Sieb geben, abtropfen lassen. Den Saft auffangen und davon 250 ml abmessen. Den Saft mit
1 EL Zucker	und
1 Pck. Vanillepudding-Pulver	zu einem Pudding kochen. Die Kirschen unterheben und die Masse auf dem Mürbeteig verteilen. Für die Streusel
90 g Mehl	mit
80 g Zucker	
70 g Butter	
100 g Mandeln (gemahlen)	sowie
½ TL Zimt	zu Streuseln verarbeiten. Auf der Kirschmasse verteilen. Bei 175 °C etwa 50 Minuten backen. In der Form auskühlen lassen. Dann noch
400 ml süße Sahne	mit
2 Pck. Vanillinzucker	und
2 Pck. Sahnesteif	steif schlagen und auf dem Kuchen verteilen, mit
1 TL Kakao	bestäuben.

Eltmannsee bei Regen

Mandarinen-Nuss-Torte

100 g Butter	mit
125 g Zucker	schaumig rühren.
4 Eigelb	unterrühren, dann
125 g Mehl	mit
½ Pck. Backpulver	mischen, dazugeben und alles zu einem Rührteig verarbeiten. Den Teig in eine gefettete Springform (Ø 26 cm) füllen.
4 Eiweiß	steif schlagen.
100 g Zucker	und
150 g Nüsse (gemahlen)	unterheben. Die Eischnee-Nuss-Masse auf dem Rührteig verteilen. Bei 180 °C etwa 45 Minuten backen. Nach dem Erkalten den Kuchen an der Nussschicht durchschneiden und einen Tortenring um den Rührteig stellen.
350 g Mandarinen aus der Dose	auf einem Sieb abtropfen lassen, Saft auffangen und das Obst auf dem Boden verteilen. 400 ml Mandarinensaft abmessen (ggf. mit Wasser ergänzen). Aus dem Saft mit
2 Pck. Tortenguss (hell)	nach Packungsanweisung einen Guss zubereiten und über die Früchte verteilen. Abkühlen lassen.
400 ml süße Sahne	mit
2 Pck. Sahnesteif	steif schlagen, auf den Früchten verteilen. Den Nussboden auflegen und mit
2 EL Puderzucker	bestäuben.

Eine Wildschweinfamilie hat sich im Raps versteckt.

Backwerk – Torten

Mohn-Preiselbeer-Torte

4 Eier	mit
4 EL Wasser (warm)	und
150 g Zucker	weiß-schaumig schlagen.
100 g Mehl	und
150 g Mohn	mit
½ Pck. Backpulver	mischen und unterheben. Den Teig in eine Springform (Ø 28 cm) füllen und etwa 30 Minuten bei 160 °C backen. Nach dem Auskühlen den Biskuitboden zweimal durchschneiden. Die Hälfte von
400 g Preiselbeeren aus dem Glas	auf den unteren Boden streichen.
250 ml süße Sahne	mit
1 TL Zucker	steif schlagen, auf den Boden streichen. Den mittleren Boden darauflegen, diesen mit der zweiten Hälfte Preiselbeeren bestreichen. Nochmals
250 ml süße Sahne	mit
1 TL Zucker	steif schlagen, auf den Boden streichen. Den oberen Boden darauflegen.
250 ml süße Sahne	mit
1 TL Zucker	steif schlagen (etwas zum Verzieren zurückbehalten) und die Torte damit bestreichen, mit Sahne und etwas
Mohn	verzieren.

Schlafmohn wird bei Germerode angebaut – nicht nur ein Augenschmaus.

Backwerk – Torten

Nusstorte

6 Eier	trennen. Das Eiweiß mit
250 g Zucker	steif schlagen. Das Eigelb darunterrühren.
250 g gemahlene Haselnüsse	
50 g Mehl	sowie
½ Pck. Backpulver	vorsichtig unterheben. Den Teig in eine Springform (Ø 26 cm) füllen. Bei 160 °C (Ober-/Unterhitze) etwa 25 Minuten backen. Nach dem Erkalten den Boden zweimal durchschneiden.
500 ml süße Sahne	mit
1 Pck. Vanillezucker	steif schlagen und die Torte damit füllen.

Natur pur

»Land unter«: Die Werra tritt in der Nähe von Schwebda über die Ufer.

Backwerk – Torten

Quark-Johannisbeer-Torte (Kühlschranktorte)

250 g Zwieback	zerkleinern, mit
1 EL Sonnenblumenmargarine	und
4 EL Nuss-Nugat-Creme	durchkneten. Auf eine Tortenplatte eine Tortenpappe legen, einen Tortenring daraufstellen (Ø 26 bis 28 cm einstellen), die Schokokrümelmasse darauf verteilen und fest andrücken.
500 g Johannisbeeren	waschen, entstielen, abtropfen lassen und beiseitestellen.
500 g Quark	mit
80 g Zucker	
1 Pck. Vanillinzucker	
1 EL Zitronensaft	und
1 Pck. Sahnesteif	mit dem Mixer aufschlagen.
200 ml süße Sahne	mit
1 Pck. Sahnesteif	steif schlagen und mit den Johannisbeeren unter die Quarkmasse heben. Alles auf dem Boden verteilen und 2 Stunden im Kühlschrank kühlen.
100 ml süße Sahne	mit
1 Pck. Sahnesteif	steif schlagen und die Torte damit verzieren. Mit Beeren und
Zitronenmelisse	garnieren.

Die Früchte entsprechend der Saison wählen: kleine Erdbeeren, Walderdbeeren, gelbe, rote, und schwarze Johannisbeeren, Jostabeeren.
Wenn es draußen sehr warm ist: nach 1,5 Stunden Kühlzeit die Torte schneiden, etwas auseinanderziehen und für 30 Minuten in die Tiefkühltruhe stellen.

Jostabeeren

Sonnenblumen

Rhabarbertorte mit Cremehaube

250 g Mehl	in eine Schüssel geben, mit
3 gestr. TL Backpulver	
60 g Zucker	
1 Pck. Vanillinzucker	
125 g Butter	sowie
1 Ei	zu einem Mürbeteig verkneten, kühl stellen. Den Teig in eine Springform (Ø 26 cm) geben, einen Rand hochziehen und 20 Minuten bei 175 °C backen.

Belag

750 g Rhabarber	putzen, in 3 cm lange Stücke schneiden, mit
250 g Zucker	vermischen, auf den Boden geben, nochmals 20 Minuten bei 175 °C backen.

Cremehaube

500 ml Milch	aufkochen, mit
1 Pck. Vanillepudding-Pulver	nach Packungsanweisung andicken.
4 Blatt Gelatine	nach Anweisung einweichen, in die Puddingmasse rühren, erkalten lassen.
250 ml süße Sahne	steif schlagen und unter den Pudding heben. Die Masse auf die Rhabarbertorte geben und erkalten lassen.

Bitte nicht stören, hier wohnt eine Igelfamilie.

Gipsabbau gibt es an einigen Orten im Werra-Meißner-Kreis.

Schmandtorte mit Sauerkirschen

250 g Mehl	mit
100 g weiche Butter	
100 g Zucker	
1 Ei	sowie
½ Pck. Backpulver	zu einem Knetteig verarbeiten. Den Teig in eine gefettete Springform (Ø 28 cm) streichen und einen Rand hochziehen.
360 g Sauerkirschen aus dem Glas	mit Saft in einen Topf geben. Etwas Saft abnehmen und mit etwas
Speisestärke	verrühren. Die Mischung in den Topf geben und alles zum Andicken einmal aufkochen und abkühlen lassen. Die Kirschmasse auf den Teig geben und bei 200 °C etwa 15 Minuten backen.
750 g Schmand	mit
150 g Zucker	
1 Pck. Vanillinzucker	
1 Pck. Vanillepudding-Pulver	sowie
4 Eigelb	verrühren.
4 Eiweiß	steif schlagen und unterheben. Die Masse auf die Kirschen streichen und etwa 20 Minuten (nach Sicht) bei 200 °C backen. Im Ofen erkalten lassen.

Reife Kirschen

Ein Hinweisschild wie es viele im Werratal gibt: Parkplatz mit Kirschenverkauf.

Schneeweißchen und Rosenrot

Von Marlies Sander, Dudenrode

Biskuitboden

2 Eier	mit
80 g Zucker	schaumig schlagen.
40 g Mehl	mit
40 g Speisestärke	und
1 Msp. Backpulver	mischen, durchsieben und unter die Masse heben. In eine Springform (Ø 28 cm) füllen und bei 180 °C etwa 8 bis 10 Minuten backen, auskühlen lassen.

Belag 1

7 Blatt Gelatine	nach Packungsanweisung auflösen und zu
600 ml pürierte Erdbeeren	geben. Nach Geschmack süßen. Um den ausgekühlten Tortenboden einen Tortenring legen und das vorbereitete Erdbeermark einfüllen, fest werden lassen.

Belag 2

375 g Schmand	und
250 g Naturjoghurt	mit
2 Pck. Cremedessert-Erdbeergeschmack (Instantpulver für je 300 ml Flüssigkeit)	verrühren und auf den ersten Belag glatt aufstreichen.
600 ml süße Sahne	mit
Zucker (nach Geschmack)	und
2 Pck. Sahnesteif	steif schlagen. Einen Spritzbeutel damit füllen und zum Verzieren zur Seite legen. Die restliche Sahne auf den zweiten Belag streichen. Den Tortenring lösen.
2 Tafeln Erdbeer-Joghurt-Schokolade	in dünne Scheiben schneiden. Nun die Tortenstücke mit je 1 Sahnetupfen am Rand verzieren. Die Erdbeer-Joghurt-Scheiben von außen nach innen, wie eine Schnecke, auf die Torte legen.

Vanillejoghurt-Torte

Böden

250 g Mehl	in eine Schüssel geben, darauf
150 g Butter	
60 g Zucker	und
2 Eigelb	geben und gut verkneten, bis ein geschmeidiger Teig entsteht. Die Hälfte des Teiges mit
5 TL Kakao	verkneten (dunkel färben). Die Teige etwa 1 Stunde abgedeckt in den Kühlschrank stellen. Je einen Teig auf den Boden einer Springform (Ø 26 cm) auslegen. Bei 180 °C etwa 25 Minuten backen. Die ausgekühlten Böden mit
Gelee (säuerliche Sorte)	bestreichen und aufeinandersetzen. Mit einem Tortenring umschließen.

Belag

600 g Vanillejoghurt	in eine Schüssel geben.
2 Pck. Vanillinzucker	zugeben.
6 Blatt Gelatine	nach Anleitung auflösen und unterziehen.
500 ml süße Sahne	steif schlagen. Wenn die Joghurtmasse zu gelieren beginnt, die Sahne unterheben. Die Masse in den Tortenring auf die Böden geben, etwa 2 Stunden kalt stellen.

Guss

100 ml Milch	in einen Topf geben,
2 Blatt Gelatine	dazugeben, 10 Minuten quellen lassen.
100 g Zartbitterschokolade	in Stückchen brechen und zugeben. Alles bei geringer Hitze schmelzen und gut durchrühren. Anschließend auf die Joghurtcreme geben und auskühlen lassen. Bei Bedarf nach Belieben verzieren.

Die Ruine der Totenkirche in Abterode

Backwerk – Kleingebäck

Marzipanmakronen

250 g Marzipan
(Zimmertemperatur)
3 Eigelb
50 g Zucker
1 TL Butter
½ Zitrone

Oblaten
kandierte Kirschen

mit

sowie der abgeriebenen Schale von

zu einem glatten Teig verarbeiten und in einen Spritzbeutel mit großer Tülle füllen. Die Masse auf kleine

spritzen.

Je eine in die Mitte der Makronen setzen zum Verzieren. Bei 175 °C etwa 15 bis 20 Minuten goldgelb backen.

Das Eiweiß kann gut für Kokosmakronen (Rezept Seite 151) verwendet werden.

Das Viehhaus auf dem hohen Meißner ist schon in Winterstimmung.

Wenn es drinnen weihnachtet, ist der Schäfer draußen noch immer unterwegs.

Weihnachtskuchen auf dem Blech

250 g Butter	mit
6 Eigelb	und
200 g Zucker	schaumig rühren.
200 g Zartbitterschokolade	schmelzen und unterrühren.
100 g Mehl	
200 g gehackte Walnüsse	
1 TL Zimt	sowie
½ TL Kardamompulver	unterrühren.
6 Eiweiß	steif schlagen und unterheben. Den Teig auf ein gefettetes Blech streichen und bei 150 °C etwa 20 Minuten backen.
200 g Aprikosenmarmelade	erhitzen, durch ein feines Sieb streichen und den Kuchen damit einpinseln.
200 g dunkle Kuvertüre	schmelzen, den Kuchen damit überziehen

Nach dem Erkalten in kleine Rauten schneiden.

Knusprige Schokohügel

500 g Schokolade	mit
25 g Kokosfett	und
1 Pck. Vanillinzucker	in einer Schüssel im Wasserbad schmelzen.
200 g Cornflakes	vorsichtig untermischen. Mit zwei Teelöffeln kleine Häufchen auf Alufolie setzen und erkalten lassen.

Der nächste Winter kann kommen, das Holz ist perfekt gestapelt.

Der Ringgau – Felsenburg zum Wandern, Träumen und Genießen

Von Ingrid Baum, Herleshausen

Der Werra-Meißner-Kreis hat nicht nur den Meißner im Norden zum Wandern, sondern im südöstlichen Teil auch den Ringgau.
Wie eine Burg sich über die Täler ihrer Umgebung emporreckt, so erhebt sich der gesamte Ringgau über dem Werra-, Ulfe- und Sontratal, die wie Burggräben diese Riesenfelsen-Burg umgeben.
Ob man zu Fuß, per Rad oder mit der Kutsche die Landschaft erobert, bleibt jedem selbst überlassen. Ist man erst einmal oben angelangt, kann man auf der sich dort ausbreitenden Hochebene wunderschöne, kleine und große Wanderungen auf gut beschilderten Wanderwegen unternehmen. Auch wer der Schatzsuche verfallen ist, wird fündig. Eine ideale Landschaft für alle, die frische Luft, gutes Essen und die Natur lieben. In vielen Bereichen des Ringgaues wird Naturschutz großgeschrieben und die Tradition gepflegt, so dass diese Landschaft ihren ursprünglichen ländlichen Charme auch in unserer hektischen Zeit erhalten konnte. Die Landschaft ist übersät von zahlreichen geologischen, botanischen und historischen Besonderheiten.
Viele Orte liegen eingebettet in kleinen Tälern wie beispielsweise Weißenborn, Rambach, Lüderbach, Markershausen, Holzhausen und Frauenborn. Andere Dörfer liegen wiederum auf den kargen rauen Ringgauhöhen. Versteckt in Mulden findet man Grandenborn, Renda, Altefeld, Archfeld und Willershausen. An einem Bachlauf aufgereiht wie Perlen an einer Schnur sind im Norden Rittmannshausen, Netra, Röhrda und Datterode und im Süden Unhausen, Breitzbach und Nesselröden. An der breiten Werraaue liegen Wommen und Herleshausen. Fast jeder Ort hat eine oder mehrere kleine Kirchen, die alle gut erhalten sind und die

Ein Blick in das Werratal vom Kielforst aus

Blick ins Netratal vom Berliner Turm bei Datterode

Für Zwischendurch

die unterschiedlichsten Kostbarkeiten beherbergen. Schmucke Fachwerkhöfe und -häuser zeugen von handwerklicher Kunst.

Schlösser, Guts- und Herrenhäuser umgeben von Parkanlagen sowie Bachläufe, kleine Teiche und ausgedehnte Weiden mit Pferden, Rindvieh, Ziegen und Schafen bereichern den Ringgau. Auf den Höhen inmitten von Laubwäldern verstecken sich Burgruinen aus alter Zeit – aber auch Türme und Gipfelkreuze, die an die jüngere Vergangenheit erinnern.

Gewandert und durchgezogen sind die Menschen hier schon immer. Nur waren sie früher zu Kreuzzügen, auf Pilgerwegen oder Handelsstraßen unterwegs. Auf ihnen trugen die Gänsekerle, Dörnermänner und Mattenklicker ihre Waren zu den Kunden auf die Märkte. Heute sind es die Autobahn, die Bundesstraße und die ICE-Strecke, die die Region mit dem Rest der Welt verbinden.

Heimische Produkte werden häufig in Hofläden, Verkaufswagen, auf Wochenmärkten, bei Verbrauchermessen oder per Internet angeboten. Genießen kann man die heimischen Waren und die regionale Küche in gut geführten Landgasthäusern und Hotels bis hin zur Sterne-Gastronomie.

Wandern, joggen und radeln kann man auf dem Jakobsweg, den Fernwanderwegen, auf Burgensteigen, Premiumwegen und Rundwanderstrecken. Versteckt an den Flussschleifen sitzen die Angler und hoffen auf fette Beute. Auf der Werra wird heute gepaddelt, gerudert und geflößt – allerdings nicht mehr mit Holz sondern mit Menschen und Bier.

Bei schlechtem Wetter bietet eine Schutzhütte Unterschlupf.

Wer Lust hat zu wandern, sucht sich einen Weg auf der Wanderkarte – hier eine bei Weißenborn.

Anitas Körnerplätzchen

3 Eier	mit
1 Pck. Vanillinzucker	und
200 g Zucker	weiß-schaumig rühren, dann
3 EL Mehl	mit
1 TL Backpulver	mischen und unterrühren.
250 g Butter	in einem Topf zerlassen und mit
500 g Haferflocken (kernige)	
150 g Sesamsamen	sowie
150 g Sonnenblumenkerne	unter den Teig ziehen, gut verrühren. Mit zwei Teelöffeln kleine Häufchen auf ein mit Backpapier ausgelegtes Blech setzen. Bei 175 °C etwa 20 Minuten backen.

Im Backhaus von Unhausen wird frisches Brot gebacken.

Schloss von Nesselröden

Apfelbrot für die Vorweihnachtszeit
(ergibt 2 Brote)

750 g Äpfel	schälen, entkernen, die Äpfel grob raspeln.
200 g Zucker	unterheben und abdecken. 12 Stunden ruhen lassen.
500 g Mehl	mit
1½ Pck. Backpulver	
200 g Haselnusskerne (ganz)	
200 g Sultaninen	
2 EL Kakao	
1 TL Zimt	
½ Pck. Lebkuchengewürz	und
2 EL Weinbrand	vermengen, mit der Apfelmasse verkneten. Den Teig in 2 gefettete, mit
Grieß	ausgestreute Kastenformen füllen. Bei 180 °C etwa 45 Minuten backen.

Kokosmakronen

3 Eiweiß	zu steifem Schnee schlagen, mit
75 g Zucker	schnittfest weiterschlagen.
225 g Kokosflocken	sowie
150 g Zucker	unter die Eiweißmasse heben. Mit zwei Teelöffeln kleine Häufchen auf ein mit Backpapier belegtes Backblech setzen. Bei 160 °C etwa 20 bis 25 Minuten backen.

Das Eigelb kann in Marzipanmakronen (Rezept Seite 146) verarbeitet werden.

Äpfel für leckeren Apfelkuchen oder Apfelsaft

Honigkuchen

250 g Honig oder Zuckerrübensirup	mit
250 g Zucker	
100 g Butter oder Schmalz	
1 Prise weißer Pfeffer	
1 Prise Nelkenpfeffer	sowie
½ Pck. Lebkuchengewürz	kurz aufkochen und vom Herd nehmen.
125 ml Milch	erwärmen,
1½ TL Natron	darin auflösen und unter die Masse rühren.
2 Eier	einrühren und
500 g Mehl	unterrühren. Alles auf ein gefettetes Backblech streichen. Bei 175 °C etwa 20 bis 25 Minuten backen.
200 g dunkle Kuvertüre	schmelzen und auf dem noch warmen Kuchen verteilen.

Bienenstöcke, in denen die fleißigen Bienen den Nektar sammeln.

Der Imker mit seinen Bienenstöcken

Bernds Spritzgebäck

1 kg Mehl	in eine große Schüssel geben.
500 g Zucker	
500 g Margarine	
1 Ei	
½ Pck. Backpulver	sowie
1 EL Öl	dazugeben. Einen Knetteig herstellen und mindestens 24 Stunden kalt stellen. Durch den Fleischwolf mit Gebäckvorsatz drehen, so dass Plätzchen entstehen. Bei 160 °C etwa 15 Minuten goldbraun backen. Nach Geschmack mit
Schokoladenguss	verzieren.

Der Arbeitsaufwand ist hoch bei der Herstellung des Spritzgebäckes (Fleischwolf). Da lohnt es sich, gleich die doppelte Menge zuzubereiten.

Kekse für jede Jahreszeit

250 g Butter oder Margarine	in eine Schüssel geben und schaumig rühren.
150 g Zucker	dazugeben und mit
2 Eier	nach und nach unterrühren.
350 g Mehl	mit
½ Pck. Backpulver	mischen und dazugeben. Zu einem Rührteig verarbeiten.
200 g Cornflakes	
100 g Rosinen	und
100 g Schokolade (geschnitten)	in den Teig geben und gut vermengen, dabei nicht zu stark rühren. Walnussgroße Bällchen auf ein Blech setzen und bei 180 °C etwa 15 bis 20 Minuten backen.

Ergibt rund 120 Stück. Etwas größer gebacken sind sie – auch im Sommer – lecker zu Kaffee und Tee.

Feuerwehrgerätehaus in Rambach

Exoticbowle (mit Alkohol)

5 Bananen	in dünne Scheiben schneiden. In eine Bowleschüssel oder Ähnliches geben.
5 Zitronen	auspressen, zu den Bananen geben.
490 g Ananas aus der Dose	in kleine Stücke schneiden und mit dem Saft zu den Bananen geben. Mit
1 l Orangensaft	
2 l Maracujasaft	
2 Pck. Vanillinzucker	
350 ml Maracujalikör	und
1 Flasche Sekt	auffüllen.

> Bananenscheiben und Ananasstückchen können auch in einer Schüssel separat dazu gereicht werden – »Prost«.

Himbeerlikör

500 g frische, vollreife Himbeeren	in eine große, weithalsige Flasche geben.
250 g weißer Kandiszucker	
1 Nelke	
1 Stück Zimt (2 – 3 cm lang)	sowie
700 ml Doppelkorn (38%ig)	dazugeben und fest verschließen. An einen warmen, hellen Platz stellen und täglich einmal aufschütteln. Nach 4 Wochen abgießen. Den Likör in Flaschen füllen und gut gekühlt genießen.

> Die Beeren schmecken sehr gut als Nachspeise, z.B. zu Vanilleeis oder Vanillepudding.

Die Himbeeren sind reif.

Das Kräuterhäuschen in Netra

Einer acht's
der andere belacht's
der dritte betracht's
– Was macht's

Bowlen, Liköre und Marmeladen

Kinder-Kirschbowle

1 l Kirschsaft	mit
2 EL Zitronensaft	und
100 ml Holunderblütensirup	vermischen.
250 g vollreife Süßkirschen	waschen, entsteinen und halbieren. Die Kirschen dazugeben und mit
1 l Mineralwasser (still oder spritzig)	auffüllen, gut kühlen. Einige Blätter
Zitronenmelisse	waschen und in der Bowle mitschwimmen lassen.

Holunderblütensirup kann durch Zucker ausgetauscht werden.
Bei großer Hitze einen Teil des Wassers durch Eiswürfel ersetzen.

Eine einzelne Buche in Herbststimmung

So schön und doch so giftig – Fliegenpilze

Adventliche Kürbismarmelade

750 g Kürbisfleisch (z.B. Hokkaido oder gelber Zentner)	klein schneiden. In
125 ml Weißwein	etwa 15 bis 20 Minuten andünsten.
500 ml Orangensaft	
1 EL Ingwer (frisch gerieben)	sowie die abgeriebene Schale von
½ Orange (unbehandelt)	hinzufügen. Alles mit einem Pürierstab pürieren und abkühlen lassen.
1 kg Gelierzucker (1:1)	dazugeben, über Nacht stehen lassen. Am nächsten Tag aufkochen und 4 Minuten sprudelnd kochen lassen. Dann
1 TL Zimt	
1 Msp. Nelken	
1 Msp. Piment	
1 Msp. Muskatblüte	
1 Msp. Kardamom	hinzufügen, kurz aufkochen. Von der Kochstelle nehmen, etwas abkühlen lassen und
2 cl Orangenlikör	hinzufügen. Umrühren, in sterile Gläser abfüllen und gut verschließen.

> Die Gewürze können auch durch Lebkuchengewürz ersetzt werden. Ein schönes Geschenk in der Vorweihnachtszeit.

Eine Charolaisherde bei Hilgershausen

Wer aufmerksam durch die Welt zieht, kann auch einen Uhu entdecken.

Handel und Wandel

Von Ingrid Baum, Herleshausen

In Herleshausen war seit Kriegsende das einzige offizielle hessische »Loch im Eisernen Vorhang«. Der Grenzübergang »Herleshausen/Wartha« war einer der drei Verbindungen nach Berlin. Nur auf diesen Strecken – den sogenannten Transitstrecken – war es möglich mit dem Auto die Stadt Richtung Westen zu verlassen. Im Rahmen des kleinen Grenzverkehres konnte man über Herleshausen/Wartha Verwandte in Thüringen besuchen. Nach Zahlung einer Umtauschpauschale für erst einen, später für zwei Tage wurde dies möglich. Der Export aus dem Osten füllte viele Seiten westlicher Kataloge und sorgte so auch für einen regen Lkw-Verkehr.
Bis ... ja, bis zum 9. November 1989.
Günter Schaboswki referierte im DDR-Fernsehen über die zehnte Tagung des Zentralkomitees der SED. Niemand ahnte an diesem Abend, dass es eine historische Pressekonferenz werden würde. Bis kurz vor 19 Uhr der Journalist Riccardo Ehrman von der italienischen Nachrichtenagentur Ansa eine Frage stellte, die die DDR-Bürger damals am meisten bewegte: nach dem neuen Reisegesetz. Es folgte eine ausschweifende Antwort, an deren Ende die entscheidenden Worte des Politbüro-Mitglieds Schabowski fielen: »Deshalb haben wir

Wenn Wunden Wunder werden –
Tafel zur Grenzöffnung in Herleshausen

Trabbis überrollen Herleshausen
im November 1989

— Für Zwischendurch —

uns dazu entschlossen, heute eine Regelung zu treffen, die es jedem Bürger der DDR möglich macht, über Grenzübergangspunkte der DDR auszureisen.« Der damalige Reporter der »Bild«, Peter Brinkmann, hakte nach: Ab wann das neue Gesetz gelten solle. »Das trifft nach meiner Kenntnis … ist das sofort, unverzüglich«, stammelte Schabowski. Es sind jene berühmten Halbsätze, die noch heute immer wieder zitiert werden.

Somit war es ab dem 10. November 1989 für jeden DDR-Bürger möglich mit seinem Auto ohne weitere Kontrollen auch in den Westen zu fahren. Von dieser Stunde an wurde Herleshausen für viele Tage von einer Lawine aus Trabbis und Wartburgs überrollt. Die Geschäfte waren in kürzester Zeit fast leer gekauft und hatten große Not, die Eingereisten und Einheimischen zu versorgen. Bananen und Orangen wurden geliefert und direkt vom Lkw verkauft, das Einräumen war überflüssig geworden. Engagierte LandFrauen, Mitbürgerinnen und Mitbürger haben tagelang Brote geschmiert, um die, oft in langen Schlangen wartenden, DDR-Bürger zu versorgen. Nach und nach bekam der Maschendrahtzaun viele Löcher, alle einst vorhandenen Verbindungen nach Thüringen wurden wieder geöffnet. Das Weihnachts- und Silvesterfest feierte man vielerorts gemeinsam. Nach einem bewegten Frühling und Sommer konnte man ab dem 3. Oktober 1990 wieder sagen: »Wir sind ein Deutschland«. Inzwischen sind fast alle Grenzmerkmale verschwunden, aus dem Grenzstreifen wurde das »Grüne Band«, das man erwandern kann oder das zur Naturschutzzone erklärt wurde.

Trabbis nach dem Fall der Mauer am Grenzübergang in Herleshausen im November 1989

Aus der Enge in die Weite heißt dieses Kunstwerk von Tobias Michael. Es ist Teil vieler Kunstwerke von: »Kunst an der ehemaligen innerdeutschen Grenze«. Gesehen in Herleshausen.

Lenchens Kräuterlikör
mit schwarzen Johannisbeeren

400 g schwarze Johannisbeeren	waschen, Stiele und Blüten entfernen und die Beeren in eine große Flasche mit weitem Hals geben.
400 g brauner Kandiszucker	zugeben.
1 Zweig Pfefferminze	abbrausen, trocknen und mit
je 5 g Kümmel-, Anis-, Fenchelsamen	ebenfalls in die Flasche geben.
700 ml Doppelkorn	aufgießen. Fest verschließen und in die Schattenseite eines Fensters stellen. Täglich einmal schütteln. Nach etwa 8 Wochen abgießen.

Schwarze Johannisbeeren können auch durch Jostabeeren getauscht werden.

Marmelade mit Kürbis, Apfel und Orange

Von Evelyne Mendel, Dudenrode

500 g Kürbis	schälen, entkernen und klein schneiden.
300 g Äpfel	schälen, entkernen, in Stücke schneiden und mit den Kürbisstücken in
500 ml Orangensaft	weich kochen. Den Saft von
1 Zitrone	dazugeben und
1 TL Zitronenschale (Zitronenabrieb)	unterrühren.
½ – 1 TL frischer Ingwer	schälen und reiben, unterrühren und mit
¼ – ½ TL Zimt	abschmecken.
1 kg Gelierzucker (1:1)	hinzufügen. Alles gut verrühren, nach Packungsanweisung kochen und in sterile Gläser abfüllen, sofort verschließen.

Waldmeisterbowle

1 Bund Waldmeister (jung, ohne Blüten)	abbrausen, abtrocknen und mit einem Faden zu einem Sträußchen zusammenbinden. In ein Bowlegefäß legen und
3 EL Zucker	darauf verteilen. Mit
1 l Weißwein (lieblich)	übergießen. Einmal umrühren und etwa 4 Stunden gekühlt ziehen lassen. Den Waldmeister danach entfernen.

> Wünscht man es spritziger, den Ansatz etwa sechs bis acht Stunden ziehen lassen, mit 1 Flasche Sekt oder Mineralwasser auffüllen.

Alte Grabsteine in Krauthausen

Blühender Waldmeister

Bowlen, Liköre und Marmeladen

Zwetschgenmus

5 kg gewaschene, entsteinte Zwetschgen	in einen Gänsebräter schichten. Die erste Schicht mit der Schale auf den Topfboden geben. Die restlichen Zwetschgen daraufschichten. Mit
1 kg Zucker	bestreuen. Über Nacht durchziehen lassen. Dann 5 bis 8 Stunden bei 150 °C mit Deckel im Backofen garen. Nach dem Garen gut durchrühren.
100 g Zartbitterschokolade	zerbrechen und in dem heißen Mus schmelzen lassen.
Musgewürz nach Geschmack	unterrühren. Noch heiß in sterile Gläser füllen und verschließen.

Passt gut zu Plattenkuchen (Rezept Seite 86).
Musgewürz gibt es zu kaufen, es enthält: Zimt, Nelken, Kardamom, Koriander, Muskat, Anis und Piment, Ingwer, Sternanis.

Frisch geackerte Scholle im Herbst

Der Maibaum in Ulfen

Holunder und Holla

Von Monika Dewath-Timmerberg, Dudenrode

Schwarzer Holunder ist schon lange als natürliche Hausapotheke für den Menschen bekannt. Er gilt in der historischen Überlieferung als der Baum der Holla, der Holda oder der Frau Holle. Früher gehörte ein Holunderbusch als lebendige Hausapotheke an jedes Haus. Er wurde wegen seiner vielseitigen Verwendungsmöglichkeiten geschätzt und verehrt wie Hulda, die Göttin der Fruchtbarkeit, die Gesundheitsgöttin. Ein Sprichwort sagt, vor einem Holderbaum müsse man den Hut ziehen. Einen Holunder umzuschlagen galt als schwerer Frevel, der Unglück bringt.

Hier um den Hohen Meißner, König der nordhessischen Berge und Berg der Frau Holle, lassen sich überall Spuren von Frau Holda zurückverfolgen. Es sind historisch belegte Überlieferungen nachzulesen wie auch daraus entstandene und erfundene Geschichten. An dem »Frau-Holle-Teich« zu stehen und diesen mystischen Ort auf sich wirken zu lassen, lässt uns in jedem Fall ahnen, welche Vorstellung unsere Vorfahren von der Erdmutter hatten. Erde und Wasser als Grundvoraussetzung für das irdische Leben und Frau Holle, die über all dies gewacht hat und die guten und fleißigen Mädchen beschützt hat, weil ihr selbst das Leid zugestoßen war mit einem faulen und schlechten Mann verheiratet gewesen zu sein. Der Teich als Eingang zu ihrem unterirdischen Reich ist ein weiterer Ort, der hier mit Frau Holle in Verbindung gebracht wird. Wir finden ihn in der Hilgershäuser oder auch Kammerbacher Höhle. Hier sollen die Mädchen und Jungen früher zu Ostern Blumenopfer für Frau Holle gebracht haben. Wahrscheinlich fühlten sich unsere Vorfahren in der kalten und tiefen Höhle an Frau Holles Reich erinnert, denn sie war auch ein Ort für Fruchtbarkeitsriten.

Wie auch immer wir uns von Geschichte, Geschichten, Märchen oder Mythen verzaubern lassen – wir nehmen ein Stückchen dieses Zaubers mit hinein in unser Leben und erinnern auch andere Menschen daran, dass es Dinge gibt, die unseren Vorfahren heilig waren und die auch für uns wichtig sind und nicht vergessen werden sollten. Die positive gesundheitliche Wirkung von Holunderblüten, -beeren, -blättern und -rinde ist jedenfalls heute wieder in das Bewusstsein vieler Menschen gerückt.

Ein blühender Holunderbusch

Holunder-Köstlichkeiten

Holunderbeer-Fruchtkompott

300 g Holunderbeeren ohne Stiele	bereitstellen.
2 säuerliche Äpfel	schälen, in Stücke schneiden.
1 Birne	schälen, in Stückchen schneiden. Äpfel und Birnen mit
150 g Süßkirschen aus dem Glas	und den Holunderbeeren vermengen.
100 g Fruchtzucker	in einem Topf karamellisieren lassen. Unter kräftigem Rühren anschließend den Zucker mit
400 g Weißwein (trocken)	ablöschen. Die Früchte dazugeben.
50 g Stärkemehl	einrühren und
1 Zimtstange	dazugeben. Unter ständigem Rühren das Ganze kurz aufkochen. Das Holunder-Fruchtkompott in Schälchen servieren und mit
2 EL Mandelblättchen	garnieren.

Frau Holle hat kräftig die Betten geschüttelt.

Holunder-Köstlichkeiten

Holunderbeerkuchen

Teig

250 g Mehl	in eine Schüssel geben.
125 g Butter	
3 EL Schmand	sowie
1 Prise Salz	hinzufügen, zu einem geschmeidigen Teig verarbeiten und 1 Stunde kalt stellen.

Belag

400 – 500 g Holunderbeeren ohne Stiele	mit
50 g Zucker	bestreuen, etwas stehen lassen, damit sie Saft ziehen. Die Beeren in einem Topf ohne Wasser etwa 10 Minuten erhitzen (nicht kochen) und danach gut abkühlen lassen. Dann
150 g gemahlene Mandeln	
1 TL abgeriebene Zitronenschale	
1 TL Rum	
1 Pck. Vanillinzucker	sowie
1 Msp. Zimt	hinzufügen und mit den Holunderbeeren verrühren. Anschließend
3 Eiweiß	zu steifem Schnee schlagen und vorsichtig unterheben. Den Teig in einer mit Backpapier ausgelegten Springform verteilen, die Fruchtmischung einfüllen. Bei 160 °C etwa 40 Minuten backen.

Die Bundespolizei hat ein Fort- und Ausbildungszentrum in Eschwege.

Der Bismarckturm thront auf dem Leuchtberg über Eschwege.

Holunder-Köstlichkeiten

Holunderblütengelee mit Apfelsaft

Holunder
Oh, wer zählt die Wunder alle, dieses Bäumchens wohl?
Rinde, Beere, Blatt und Blüte, jeder Teil ist voller Güte,
jeder segensvoll.

15 Holunderblütendolden	gut ausschütteln, nicht waschen. Kopfüber in eine flache Schüssel legen und mit
750 ml Apfelsaft	übergießen, jedoch nur die Dolden, nicht die Stielenden bedecken. Einen Tag lang durchziehen lassen. Dann die Saftmischung durchsieben und abmessen. Entsprechend der Saftmenge
ca. 1 kg Gelierzucker (1:1)	zufügen und nach Packungsangaben einen Gelee zubereiten. Sofort in saubere, sterile Gläser füllen und fest verschließen.

Das Landgrafenschloss in Eschwege mit dem Dietemannturm

Bildung in Eschwege, die Beruflichen Schulen

Holunder-Köstlichkeiten

Holunderblütenlikör

60 große Holunderblütendolden	nur ausschütteln, nicht waschen, Blütenstiele abschneiden und die Blüten in einen großen Topf geben.
3 l abgekochtes, kaltes Wasser	mit
50 g Zitronensäure	verrühren, über die Blüten geben. Zugedeckt 3 Tage ruhen lassen und anschließend durch ein Leinentuch abgießen.
1 kg Zucker	darin auflösen und
2 l Wodka	unterrühren. In sterile Flaschen abfüllen und etwa 4 Wochen ruhen lassen.

> Vorrat für einen feucht-fröhlichen Sommer!

Blick vom Altan des Nikolaiturmes über Eschwege.
Man sieht die Neustädter Kirche und die beiden Leuchtberge im Hintergrund.
Man hat einen atemberaubenden Rundumblick über ganz Eschwege.

Der Nikolaiturm in Eschwege
ist von März bis Oktober geöffnet.

Holunderblütensirup

Ca. 40 Holunderblütendolden	gut ausschütteln, nicht waschen. In ein Glasgefäß geben und mit dem Saft von
1 – 2 Zitronen	und
2 l Wasser	übergießen. 24 Stunden durchziehen lassen.
3 kg Zucker	unterrühren, bis er sich aufgelöst hat. Weitere 12 Stunden in einem warmen Raum stehen lassen. Anschließend durch ein Kunststoffsieb gießen und den Sirup in kleine saubere Flaschen abfüllen.

> Der Holundersirup ist eine sehr süße Angelegenheit, aber sparsam als Dessertsoße oder gemischt mit Mineralwasser wunderbar zu genießen. Einen Schuss in ein Glas Sekt und man hat einen »Hugo«.

Holunderblütenzucker

Holunderblütendolden	gut ausschütteln, nicht waschen, entstielen und mit
Zucker oder Puderzucker	vermischen. In ein Schraubglas füllen und einige Tage verschlossen stehen lassen, damit der Zucker das Aroma der Blüten annimmt. Anschließend das Gemisch durchsieben.

> Zu verwenden wie Vanillezucker oder zum Süßen von Tee. Zucker lässt sich auch mit anderen Blüten aromatisieren, z.B. mit Kapuzinerkresse, Lavendel oder Rosenblättern.

Der schwarze Turm auf dem Schulberg in Eschwege

Wanfried

Von Monika Dewath-Timmerberg, Dudenrode

Im östlichsten Zipfel des Werra-Meißner-Kreises liegt die Stadt Wanfried an der Werra. Es ist ein wunderschönes Städtchen und vom Plesseturm, der sich weit über das Tal erhebt, hat man einen Panoramablick auf den sich schlängelnden Fluss, die vielen grünen Hügel mit Wiesen und Ackerflächen sowie den besonderen Schlagdhafen von Wanfried.

In der Zeit nach dem Zweiten Weltkrieg hat Wanfried und dabei namentlich das Gut Kalkhof eine besondere Rolle gespielt. Als Deutschland von den Siegermächten in Besatzungszonen eingeteilt war, verlief die amerikanische Zone zuerst bis weit nach Thüringen hinein. Dann wurde zwischen Russen und Amerikanern vereinbart, dass die thüringische Grenze auch die Linie zwischen sowjetischer und amerikanischer Zone sein solle. Die Grenze verlief nun also etwa 1 Kilometer hinter dem Gut Kalkhof. Auf dem Gut haben die Amerikaner eines ihrer Hauptquartiere eingerichtet.

Mit der Veränderung des Zonengrenzverlaufes stellten die Amerikaner fest, dass die Nord-Süd-Eisenbahnverbindung von den US-Versorgungshäfen Bremen und Bremerhaven über Bebra-Fulda nach Frankfurt und Würzburg rund drei Kilometer auf thüringischem Gebiet fahren musste. Dort kam es immer wieder zu Störungen des Zugverkehrs.

Auf Drängen der Amerikaner begannen Verhandlungen zwischen russischen und amerikanischen Beauftragten über einen Gebietstausch. Am 17. September 1945 wurde auf Gut Kalkhof das Wanfrieder Abkommen unterzeichnet. Es wurde darin festgelegt, dass mit Wirkung des gleichen Tages die Dörfer Werleshausen und Oberrieden zur amerikanischen Zone gehören sollten, getauscht gegen die Orte Vatterrode, Sickenberg, Asbach, Weidenbach und Hennigerode. Die Bewohner dieser Dörfer waren der russisch-sowjetischen Zone von nun an angehörig. Für diese Menschen ein folgenschwerer Beschluss!

Das alles für die reibungslose Zugverbindung der – im Volksmund sogenannten – »Whisky-Wodka-Linie«, die nach den anliegenden Besatzungsmächten so bezeichnet wurde.

Heute ist auch das Geschichte und Wanfried hat sich vom Zonenrandgebiet zu einer Stadt entwickelt, deren Bürger Ideen umsetzen, um dem Leerstand von Häusern zu begegnen, die auch im Ausland dafür werben und mit viel Eigeninitiative renovieren.

Die Schlagd am alten Hafen in Wanfried ist ein beliebtes Ausflugsziel. Eine Schlagd ist ein Damm zur Uferbefestigung, dessen Wasserseite durch in den Schlick geschlagene Pfähle gesichert wurde. Die Pfähle wurden mit Hilfe einer Ramme oder eines Schlägels »eingeschlagen«.

Holunder-Köstlichkeiten

Holunderblütensekt

10 Holunderblütendolden (dürfen nicht zu reif sein!)	leicht ausschütteln, nicht waschen, mit
10 – 12 Blättchen Zitronenmelisse oder Pfefferminze	in ein großes Gefäß geben.
1 unbehandelte Zitrone	in Scheiben schneiden, dazugeben. Alles mit
10 l Wasser	übergießen. Gut durchrühren und zugedeckt an einer warmen Stelle stehen lassen. Jeweils morgens und abends gut durchrühren und nach 3 Tagen durch ein sauberes (heiß gebügeltes) Tuch filtern. In saubere Flaschen füllen und fest verschließen, möglichst mit Schraubverschluss. Danach sollten die Flaschen noch 1 Woche an der gleichen Stelle stehenbleiben, anschließend mindestens 1 Woche an einem kühlen Ort lagern. Dann kann probiert werden.

Der Sekt ist mehrere Jahre haltbar, er muss jedoch stehend gelagert werden.

Das Rittergut Kalkhof bei Wanfried

Das Rathaus in Wanfried

Holunder-Köstlichkeiten

Holunderblütenküchlein

8 Holunderblütendolden	gut abschütteln, nicht waschen.
2 Eier	mit
100 g Mehl	
50 g Zucker	und
1 – 2 EL Weißwein	verrühren. Der Teig darf nicht zu dick sein. Dolden durch den Teig ziehen und in
Fett	schwimmend ausbacken. Auf Küchenpapier abtropfen lassen und mit
Puderzucker	bestäuben.

Sehr lecker mit Vanilleeis (Rezept Seite 102).

Ein stolzer Pfau im Garten der Domäne von Hebenshausen

Blick über Hebenshausen in das Dreiländereck Hessen, Niedersachsen und Thüringen

Holundersuppe mit Grießklößchen

1 großer Apfel	schälen, entkernen und in etwa 1 cm große Würfel schneiden. In
750 ml Apfelsaft	etwa 1 Minute aufkochen. Die Apfelwürfel herausnehmen und abkühlen lassen. Nun
1 l Holundersaft	zum Apfelsaft geben und nochmals aufkochen. Mit
2 – 3 EL Zucker	und
1 Prise Zimt	abschmecken. Mit
1 – 1½ EL Speisestärke	andicken.

Grießklößchen

250 ml Wasser	
80 g Zucker	
1 Prise Salz	sowie
30 g Butter	zusammen aufkochen.
100 g Grieß	einrühren und etwa 3 Minuten quellen lassen. Dabei oft umrühren und dann etwas abkühlen lassen.
3 Tropfen Zitronenaroma	und
2 Eier	unterrühren.
2 l Wasser	zum Kochen bringen. Mit einem Teelöffel Klößchen abstechen, in das Wasser geben und gar ziehen lassen. Die Klößchen mit einem Schaumlöffel herausnehmen und in die Suppe geben. Zum Schluss die Apfelwürfel dazugeben.

> Kann kalt und warm serviert werden.

Hühner auf der Suche nach Futter

Leckere Kirschen zu verkaufen – einer von vielen Ständen entlang der Bundesstraßen in unserem Kreis.

Bierbrot mit Röstzwiebeln

Von Tina Hildebrand, Oberhone

300 g Roggenmehl (Type 1150)	mit
400 g Dinkelmehl (Type 630)	
1 Pck. Trocken-Sauerteig (für 750 g Mehl)	und
2 gestr. EL Salz	in einer großen Schüssel mischen. In die Mitte eine Mulde drücken und
1 Würfel Hefe	hineinbröckeln. Die Hefe in der Mulde mit
5 EL Wasser (lauwarm)	und etwas Mehl anrühren.
200 ml Wasser	sowie
330 ml Bier (lauwarm)	nach und nach unter die Mehlmischung kneten.
100 g Röstzwiebeln	und eventuell etwas
Brotgewürz	zugeben und gut unterkneten. Den Teig an einem warmen Ort 45 Minuten ruhen lassen. Danach nochmals durchkneten, zu einem Laib formen und weitere 15 bis 20 Minuten gehen lassen. Den Backofen auf 220 °C vorheizen und eine ofenfeste Schale mit Wasser auf den Boden stellen. Das gegangene Brot im unteren Drittel des Ofens etwa 45 Minuten backen. Vor dem Anschneiden vollständig auskühlen lassen.

> Hierzu schmeckt der Kochkäse von Seite 90.

Küchenschelle

Die Viehhaushütte auf dem Hohen Meißner. Früher für die Tiere, also fürs Vieh, heute kann man darin in kleiner Gesellschaft feiern.

— Was es sonst noch gibt —

Bärlauchpesto

500 g Bärlauch	waschen, trockenschleudern und in feine Streifen schneiden.
75 g Hartkäse	fein raspeln.
75 g Walnusskerne	fein hacken, alles vermengen. Nun
200 ml Rapsöl	unterrühren. Mit
Salz, Pfeffer (frisch gemahlen)	abschmecken. In kleine Gläser füllen und fest eindrücken. Mit
je 1 TL Rapsöl	abdecken, fest verschließen, im Kühlschrank aufbewahren. Etwa 6 bis 8 Wochen haltbar.

Bärlauch kann auch durch Petersilie oder Rucola ersetzt werden.

Die Wehrkirche in Berge

Bärlauchpflanzen

Was es sonst noch gibt

Dicke Knöpfe

400 g Kräuterquark	in eine Schüssel geben. Mit
500 g Mehl	
2 Pck. Backpulver	
11 EL Öl	
15 EL Milch	sowie
1 TL Salz	gut verkneten.
250 g Reibekäse	
125 – 250 g rohe Schinkenwürfel	und
50 – 100 g geröstete Zwiebeln	

zugeben. Alles zu einem festen Teig kneten. Aus dem Teig kleine Kugeln formen und auf ein Backblech setzen. Bei 180 °C in etwa 20 Minuten goldgelb backen.

> Für Partys und andere Feste geeignet.

Kirche und Fachwerkhaus in Hoheneiche

Altartuch in der Kirche von Berneburg

Blätterteig-Schnecken

1 Rolle frischer Blätterteig (275 g)	aus dem Kühlschrank nehmen und 10 Minuten bei Zimmertemperatur ruhen lassen, dann ausrollen.
1 kleine Zwiebel	abziehen, fein würfeln. Die Zwiebeln mit
100 g rohe Schinkenwürfel	und
100 g Frischkäse	verrühren und mit
Salz, Pfeffer	abschmecken. Die Käsecreme auf den Blätterteigboden streichen.
100 g roher Schinken	fein würfeln, darauf verteilen.
100 g Gouda oder Emmentaler	reiben, darauf verteilen. Den Blätterteig von der Längsseite aufrollen und in etwa 1 cm dicke Scheiben schneiden. Die Schnecken bei 180 °C etwa 20 bis 25 Minuten backen.

> Wenn es schnell gehen soll, kann man 100 g Frischkäse der Sorte »Elsässer Flammkuchen« verwenden. Die Schinken- und Zwiebelwürfel werden dann weggelassen.

Schmand-Meerrettich-Soße

1 Knoblauchzehe	schälen, fein würfeln, mit
1 EL Meerrettich aus dem Glas	
3 EL Kräuteressig	
1 EL Honig	
1 TL Senf	
200 g Schmand	sowie
4 EL Rapsöl	verrühren. Mit dem Stabmixer durchmixen und mit
Salz, Pfeffer (frisch gemahlen)	und
Zucker	abschmecken.
1 Bund Schnittlauch	waschen, in feine Röllchen schneiden und unterheben.

> Passt zu kaltem Braten und zu Gegrilltem.

Fachwerkhaus in Unterrieden

Hausen – höchstgelegenes Dorf in Hessen

Von Monika Dewath-Timmerberg, Dudenrode

Dieser kleine, höchstgelegene Ort Kurhessens lässt sich von der B7 über Küchen erreichen, aber auch von Velmeden aus den Hohen Meißner hinauf. Oder man fährt aus östlicher Richtung über »den Berg« und folgt nach dem Passieren der Viehhaushütte und den dazugehörigen Viehhausweiden nach etwa 500 Metern linker Hand den Schildern.
Sehr steile Straßen führen durch den Ort und schön renovierte Häuser säumen diese. Es gibt eine kleine Fabrik, eine sehenswerte, wunderschöne Kirche und ein Dorfgemeinschaftshaus, welches diesen Namen wirklich verdient. Viele Vereine treffen sich hier und erfüllen dieses Haus mit Leben. Was es aber so besonders macht, ist die Tatsache, dass wieder viele junge Familien im Ort wohnen und sich Mütter oder Väter zu einer Kleinkindergruppe in diesem Haus treffen. Das ist für solch' einen Ort schon selten und wert, hervorgehoben zu werden. Die Wohn- und Wohlfühlqualität ist hoch. Liegt es an der Sonne, die hier am Abend wohl am längsten scheint? Beim Lesen der Hausener Dorfchronik wird doch schnell klar, dass gerade hier in diesem Örtchen schon immer ein großer Zusammenhalt zu finden war. Vielleicht gerade die Kargheit der Böden und die große Nähe zum Hohen Meißner, die schönen Hutewiesen, die Schneesicherheit im Winter, hat die Menschen hier zusammengeschweißt.
In der Chronik ist zu lesen: »Als botanische Besonderheit und in ihrer Blütenvielfalt nahezu einzigartig, präsentiert sich die Hausener Hute. Sie ist eine der wenigen Wiesenflächen des Meißners, bei der die landwirtschaftliche Nutzung nie ganz aufgegeben wurde. Die Hute-Interessen der Hausener Dorfbevölkerung verhinderten so eine Aufforstung mit Fichten.« Von der Schönheit dieser Landschaft kann sich jeder Besucher selbst überzeugen. Sie hat einen hohen Erholungswert und bietet zu jeder Jahreszeit außergewöhnliche Erlebnisse.
Bei schönem Wetter hat man oberhalb von Hausen, auf der Hausener Hute, einen weiten Blick auf die Landschaft in westlicher Richtung, weit über Kassel hinaus. In Richtung Osten grenzt die Gemarkung Hausen an Vockerode. Folgt man der Straße dorthin, wird der Besucher mit einem herrlichen Blick vom Schwalbental belohnt. Hier liegen uns das Meißner Vorland, das Werratal mit dem Eschweger Becken und den Kiesseen sowie die Diederödter Klippen bis hin zur Plesse nach Wanfried in einem Panoramablick zu Füßen.
Sollte einmal Nebel den Berg einhüllen, wirkt alles umher ganz verzaubert und der Fantasie sind kaum Grenzen gesetzt. Im Reich der Frau Holle angekommen, laufen uns sicher allerlei Märchenfiguren über den Weg, die auf abenteuerliche Weise entspannend sind.

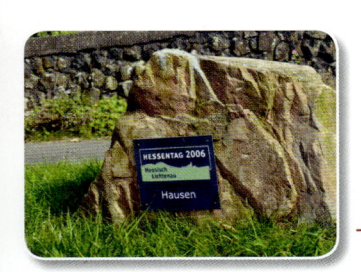

Eine Erinnerung an den Hessentag 2006 in Hessisch Lichtenau

Was es sonst noch gibt

Hafer-Crunchy

... und der Tag kann beginnen

3 EL Öl	in eine Schüssel geben und mit
4 EL Wasser	
3 – 4 EL Honig	
150 g feine Haferflocken	und
150 g grobe Haferflocken	gut mischen. Die Haferflockenmasse auf einem mit Backpapier belegten Blech gut verteilen und bei 150 °C 25 Minuten backen. Erkalten lassen. Dann
50 g Schokolade	klein schneiden oder reiben und untermischen.

> Statt der Schokolade kann man auch Trockenobst klein schneiden und das Crunchy damit anrichten.

Das höchstgelegene Dorf in Hessen: Hausen am Hohen Meißner

Oase unter einer Trauerweide in Stadthosbach

— Was es sonst noch gibt —

Himbeersaft

1,5 kg zerdrückte Himbeeren	
1,5 l Wasser	und
20 g Zitronensäure	gut verrühren und 24 Stunden ziehen lassen. Anschließend durch ein sauberes Geschirrtuch (Leinen oder Baumwolle) pressen.
500 g Zucker (pro 500 ml Saft)	zugeben und vermischen. Nochmals 24 Stunden stehen lassen. Dann zum Kochen bringen, abschäumen und in sterile Flaschen abfüllen und gut verschließen.

> Anstelle von Himbeeren kann man auch Erdbeeren verwenden.

Eierstich

4 Eier	mit
Salz, Muskat	und
evtl. Milch	verquirlen. In einen Gefrierbeutel geben und gut verschließen. In köchelndem Wasser etwa 20 Minuten langsam stocken lassen. Anschließend nach Belieben schneiden oder ausstechen.

Schilfkolben am Werraufer

Ein Feldhase in der Abendsonne

Was es sonst noch gibt

Lachstorte

1 Fladenbrot	aufbacken und waagerecht halbieren.
1 Glas Sahnemeerrettich	mit
200 g Frischkäse (Sorte Meerrettich)	verrühren und auf einer Hälfte des Fladenbrotes gut verstreichen. Mit
einige Blätter Eisbergsalat (gewaschen)	belegen.
400 g Räucherlachs	üppig auf den Salatblättern verteilen. Zur Garnitur
3 – 4 hart gekochte Eier	und
Dill (frisch)	verwenden.

> Ein halbes Fladenbrot bleibt übrig.

Ein Weißstorch im Werratal

Nilgänse am Werraufer

Pizza-Pesto-Sonne

400 g Mehl	
½ TL Zucker	
½ TL Salz	
1 Prise Muskat	
1 Würfel Hefe	
250 ml lauwarmes Wasser	und
3 EL Rapsöl	zu einem Hefeteig verarbeiten. Warm stellen, gehen lassen und in 3 Portionen teilen. Ein Backblech mit Backpapier auslegen. Jede Portion zu einem Kreis (Ø ca. 28 cm) ausrollen und wie folgt aufschichten: den ersten Teigkreis mit
2 EL Tomatenpesto	bestreichen und mit
100 g Schinkenwürfel (roh)	bestreuen. Den zweiten Teigkreis mit
2 EL Kräuterpesto	bestreichen und mit
100 g Käse (gerieben)	bestreuen. Dann auf den ersten Teigkreis legen. Den dritten Teigkreis mit
1 EL Sesamsamen	bestreuen und als Deckel obenauf legen. Mit einem Tortenteiler 18 Stücke aufdrücken. Die Stücke einschneiden. In der Mitte nicht durchschneiden. Je 2 Stücke gegeneinander um 360 Grad drehen, so dass der Sesam wieder oben ist. Jedes Stück wird für sich alleine gedreht (eins nach rechts, eins nach links). Bei 180 °C (Umluft) etwa 25 Minuten backen.

> Dazu schmeckt ein bunter Gartensalat.

Tomaten

Leckere Pizza-Pesto-Sonne: frisch gebacken zum Verzehr

Pizzabrötchen

200 g Kochschinken
200 g Salami
200 g Tomatenpaprika aus dem Glas
200 g Pilze aus dem Glas
200 g Gouda
200 ml süße Sahne
Pfeffer, Paprikapulver
Pizzagewürz
10 – 15 Brötchen

Alle Zutaten fein würfeln und mit gut vermischen. Mit

kräftig abschmecken.

aufschneiden und die Hälften mit der Masse bestreichen. Bei 175 °C in 15 bis 20 Minuten goldbraun backen.

Siegerehrung beim Reit- und Fahrturnier in Waldkappel

Gesundheitskontrolle vor dem Turnierstart

Museen, die Geschichte erzählen

Von Monika Dewath-Timmerberg und Martina Thiele-Sommerlade

In so manchem Ort sind in liebevoller Arbeit wirkliche Kleinode entstanden, die uns in die wechselvolle Geschichte der Region entführen – hier eine kleine Auswahl. Beim Museumsverband-Werra-Meißner kann man sich über die mehr als 40 verschiedenen Museen informieren.

Großalmerode als Tonstadt im Norden des Kreises hat ein Glas- und Keramikmuseum. Neben den Ausstellungsstücken, die ständig dort zu bewundern sind, werden von Zeit zu Zeit auch Sonderausstellungen gezeigt. Lebendig werden Geschichte und Region, wenn im Museum mit Ton aus dem umliegenden Wald selbst getöpfert werden kann.

Bad Sooden-Allendorf weist gleich mehrere geschichtsträchtige Schwerpunkte auf: Als Salzstadt war Sooden lange Zeit Förderort für das »weiße Gold«. Hier wurde das Salz gesiedet und in nähere und fernere Orte getragen. Es verhalf zu einigem Reichtum. Mit dem heute noch aktiven Gradierwerk, einem Salzmuseum und einer wunderbaren Salztherme, war und ist Bad Sooden-Allendorf Anziehungspunkt nicht nur für Kurgäste.

Aufgrund der Nähe zur thüringischen Grenze war hier der Aufbau eines Grenzmuseums ein Bedürfnis. Das Museum »Schifflersgrund« ist ein lebendig gehaltenes Zeugnis des Lebens und der Geschehnisse in der ehemaligen DDR und unserer Grenzregion. Den Besuchern wird die Möglichkeit gegeben, die Ausstellungsstücke, Fotos und Tondokumente auf sich wirken zu lassen. Den Blick für ein friedliches Eintreten gegen Unrecht und Unterdrückung zu schärfen ist sicher eine Aufgabe dieser besonderen Stätte, die die Begegnung mit der jüngeren deutschen Vergangenheit ermöglicht.

Berkatal-Frankershausen ist ein Dorf im Meißner Vorland. Es wird eingerahmt von unter Naturschutz stehenden Wacholderheiden. Hier finden wir ein kleines aber feines Heimatmuseum. Viele Gebrauchsgegenstände aus dem Leben der Menschen um den Hohen Meißner sind zusammengetragen und ansprechend gezeigt. Es ist ein Ausflug in die Zeit unserer Groß- und Urgroßeltern. So manches Exponat hat Wiedererkennungswert – auch für uns.

Über den Hohen Meißner gelangen wir nach Hessisch-Lichtenau. Dort wurde ein wunderbarer »Frau-Holle-Pfad« angelegt, der uns durch die Stadt führt und auf dem wir viel Neues über die Stadt, über ihren Bezug zum Märchen »Frau Holle« und andere Zusammenhänge erfahren. Neben dem schönen Rathaus ist ein Museum für Frau Holle eingerichtet – das Holleum. Thema ist das Märchen in seinen einzelnen Aspekten und die Nähe zum Hohen Meißner.

Werraschuten im Zinnfigurenkabinett

Für Zwischendurch

Die Kreisstadt Eschwege verfügt über ein Kleinod der besonderen Art, ein Zinnfigurenkabinett. Filigrane Arbeiten aus diesem Werkstoff werden gezeigt, die teils zu großen Szenen zusammengestellt sind. Anschließend kann man sich im Sophiengarten am Schulberg herrlich entspannen oder gleich nebenan im Stadtmuseum Vergangenheit bestaunen.

Der Weg in Richtung Osten führt uns nach Wanfried. Dort, im Keudellschen Schloss, ist das Heimatmuseum untergebracht. 1981 eingerichtet, ist es 1992 um ein Dokumentationszimmer zur deutschen Nachkriegsgeschichte ergänzt worden. Im Jahre 1996 wurde die Stadt für die vorbildliche Sanierung des Gebäudes mit dem Hessischen Denkmalschutzpreis ausgezeichnet. Nun strahlt das Museum auch außen in historischem Gewand.

Der Kupferschieferbergbau hatte in Sontra etwa 500 Jahre Tradition, bevor er in den 50er Jahren des 20. Jahrhundert eingestellt wurde. Das Bergbaumuseum im Gewölbekeller des historischen Rathauses zeigt nachgebildete Bergwerksstollen aus den verschiedenen Jahrhunderten sowie Werkzeuge und Ausrüstung des Bergmanns. In der Steinmühle am Mühlbach wurde seit dem 18. Jahrhundert bis 1985 Mehl gemahlen. Heute können die Besucher sehen und erfahren, wie die Arbeit des Müllers früher vonstatten ging.

Das Gestüt Altefeld bei Herleshausen blickt nicht nur züchterisch sondern auch geschichtlich auf eine bewegte Vergangenheit zurück. Gezeigt werden Bilder, Sättel und Zaumzeug, die architektonische Entwicklung sowie die Geschichte des Gestüts seit der Gründung 1913.

Beginn einer Führung in der Grube Gustav

Eine Küche aus alter Zeit bei der 650-Jahr-Feier in Sontra-Wölfterode

Begriffserläuterungen

Abbacken / Ausbacken	Etwas in heißem Fett schwimmend backen.
Ablöschen	Das Angießen von scharf angebratenem oder geschmortem Fleisch oder Gemüse.
Abschmecken	Eine Speise mit den Grundgewürzen Salz, Pfeffer, Zucker usw. nach eigenem Geschmack würzen.
Andünsten / Anschwitzen	Ein Lebensmittel in heißem Fett leicht rösten, ohne es zu braten. Das Lebensmittel soll nur glasig werden, z.B. Zwiebeln.
Ausbraten / Auslassen	Den Speck so lange braten, bis das Fett herausgebraten ist.
Blanchieren	Zutaten in einen Topf mit kochendem Wasser geben und kurz köcheln lassen.
Garen / Köcheln	Eine Speise sollte nicht stark kochen. Die Hitzezufuhr muss so gedrosselt werden, dass nur ein leichtes Aufsteigen von Kochblasen zu sehen ist.
Gratinieren	Das Überbacken von Speisen.
Legieren	Ist das Binden und Verfeinern von Gerichten mit Eigelb. Das Ei oder Eigelb wird mit warmer Flüssigkeit vermischt und unter ständigem Rühren in die nicht mehr kochende Speise gegeben.
Karkasse	Aus dem Französischen: Carcasse für Gerippe. Karkasse nennt man das nach dem Tranchieren meist kleinerer Tiere zurückbleibende Knochengerüst samt eventuell anhaftender Fleischreste.
Marinieren	Ist das Einlegen von Lebensmitteln in eine gewürzte Flüssigkeit, um der Speise einen besonderen Geschmack und bessere Haltbarkeit zu verleihen.
Mehlschwitze	Traditionelles Bindemittel von Suppen und Soßen (Fett zerlassen und Mehl einrühren).
Parieren	Fleisch von Fett und Sehnen befreien.
Passieren	Flüssigkeiten durch ein Sieb oder Tuch geben.
Pürieren	Ein gares Lebensmittel wird stark zerkleinert. Früher war hierfür in vielen Haushalten die »Flotte Lotte« ein beliebtes Haushaltsgerät, z.B. um Apfelmus herzustellen.
Reduzieren	Flüssigkeit fast vollständig verkochen lassen (einkochen).
Stocken lassen	Das Garen von Eiern oder Eimasse, bei mäßiger Hitze im Topf oder Wasserbad, ohne dabei das Gargut umzurühren.
Wasserbad	Ist eine Methode, um Speisen indirekt mit Hitze zu versorgen. Dabei wird der Topf mit den Speisen in einen anderen Topf mit heißem Wasser auf den Herd gestellt.
Zerlassen	Butter oder Margarine in einer Pfanne oder einem Topf bei mäßiger Hitze schmelzen, aber nicht braun werden lassen.

Maße und Gewichte

1 gestr. EL Fett	15 g	1 Liter	1000 ml / 1000 ccm
1 gestr. EL Mehl	10 g	¾ Liter	750 ml / 750 ccm
1 geh. EL Mehl	15 g	½ Liter	500 ml / 500 ccm
		⅜ Liter	375 ml / 375 ccm
1 kleine Zwiebel	30 g	¼ Liter	250 ml / 250 ccm
1 mittlere Zwiebel	50 g	⅛ Liter	125 ml / 125 ccm
1 große Zwiebel	70 g		
		1 TL	5 ml
1 kleine Kartoffel	70 g	1 EL	15 ml
1 mittlere Kartoffel	120 g	1 Tasse	150 ml
1 große Kartoffel	180 g		
½ kg	500 g		
1 kg	1000 g		

Abkürzungen

Msp.	Messerspitze
EL	Esslöffel
geh. EL	gehäufter Esslöffel
gestr. EL	gestrichener Esslöffel
TL	Teelöffel
geh. TL	gehäufter Teelöffel
gestr. TL	gestrichener Teelöffel
g	Gramm
kg	Kilogramm
ml	Milliliter
cl	Zentiliter
l	Liter
ccm	Kubikzentimeter
Pck.	Päckchen
°C	Grad Celsius
TK	Tiefkühlkost

Rezeptregister nach Kapiteln

Salate und Vorspeisen

Feldsalat mit Joghurt-Speck-Soße	10
Kohlrabimedaillons	11
Carpaccio von »Ahle Wurscht«	12
Lammfilet auf Rucola	14
Radieschensalat	15
Salat mit Äpfeln, Möhren und Rote Bete	15
Gebratene Rote Bete mit Orangensaft	16
Reisnudelsalat	17
Schichtsalat	18
Selleriesalat mit Äpfeln und Möhren	19
Chicorée-Fruchtsalat	19
Grüner-Spargel-Salat	22
Weißkohlsalat – gebrüht	23

Suppen und Eintöpfe

Aufgeschäumte Bärlauchsuppe	24
Schlachtesuppe	25

Dr. med. vet.
Michaela Seifert
- prakt. Tierärztin -

Gut Weidenhausen
37290 Meißner
Tel.: 05657/919456

www.gut-weidenhausen.de

Gasthaus Schindewolf

– feiern, veranstalten, liefern lassen –

Berkastr. 71 · 37297 Berkatal
Tel. (0 56 57) 10 81 · Fax (0 56 57) 79 05 55
mail@gasthaus-schindewolf.de

Kartoffelgulasch	26
Käse-Porree-Suppe – Partysuppe	27
Gebrannte Grießsuppe	27
Kürbissuppe mit Kokosmilch	30
Möhrensuppe mit Ingwer	31
Steckrübeneintopf mit Kassler	31

Gemüsegerichte und Vegetarisches

Gefüllte Paprikaschoten	32
Gemüse-Kartoffel-Pizza mit »Ahle Wurscht«	33
Hefeklöße	34
Hokkaido-Schmorpfanne	35
Pflaumenknödel	38
Reibekuchen mit Gemüse	39

Kartoffelgerichte und Beilagen

Kartoffelgratin	40
Kartoffelklöße halb & halb	41
Kartoffelklöße von gekochten Kartoffeln	42
Kartoffelpfanne Hoppel Poppel	43
Paprikakartoffeln	46

Nudelgerichte und Aufläufe

Nudeln – selbst gemacht	47
Brokkoliauflauf	48
Gemüsetarte mit Bärlauch	49
Kartoffelauflauf mit Bärlauch	51
Makkaroniauflauf	52
Käse-Hack-Auflauf	53
Zucchiniauflauf	54
Hackbraten in der Kastenform	55
Linsen-Tomaten-Soße	57

Fleischgerichte

Eingelegte Schnitzel	58
Frikadellen	58
Exotische Schweinelende	59
Schweinebraten	60
Kassler – überbacken	61
Tafelspitz vom Highlandrind mit Meerrettichsoße	63
Rinderfilet mit Kräuter-Nuss-Krone	64
Rindergulasch mit Preiselbeeren	65
Rinderrouladen	66
Grünkohlpäckchen mit Lammhack	67
Lammfilet-Pfännchen	70
Lammgulasch mit Curry	71
Lammhaxen in Schwarzbier	72
Curryhuhn – wenn's schnell gehen soll	73

Fischgerichte

Forelle in Folie	74
Lachs-Blattspinat-Auflauf	74
Forellencreme mit Dill	75
Geräucherter Aal – Genuss für 1 Person	75
Heringssalat mit Rote Bete	76
Saiblingsfilet mit Sauerampfersoße und rotem Mangold	78

Ihr kompetenter Partner bei Beratung, Verkauf und Service von Landmaschinen, Gartentechnik, Forsttechnik und Kommunaltechnik!

Stöber Land-, Garten- und Umwelttechnik GmbH & Co. KG
Landstraße 1 · 37242 Bad Sooden-Allendorf
Telefon: (0 56 52) 95 79-0
Telefax: (0 56 52) 95 79-50
info@stoeber-landtechnik.de
www.stoeber-landtechnik.de

stöber

Viel Spaß beim Kochen!

37296 Ringgau-Datterode · Tel. (0 56 58) 13 14
info@fasanenhof-landhotel.de
www.fasanenhof-landhotel.de

Aus der regionalen Küche

Ahle-Wurscht-Kreppel (herzhafter Brandteig)	80
Ahle-Wurscht-Suppe	81
Hessische Schmand-Salatsoße	81
Losekuchen	83
Grüne Erbsensuppe mit Mehlklößen	84
Hessische Grüne Soße nach Oma Kathrins Art	85
Plattenkuchen Annemarie	86
Schmandwaffeln – schnell zubereitet	86
Schippeln mit Duckefett	89
Kochkäse	90
Schlachteplatte	91
Krautstopf	92
Warmer Kartoffelsalat	93
Spanisch Fricco	94

Süßspeisen und Desserts

Bratäpfel	96
Ananascreme	96
Gerds Schokoladentraum	97
Himbeertraum	98
Quitten in Whisky	99
Schmandcreme	99
Apfelquark	102
Vanilleeis mit Schokoladensoße	102
Tiramisu	103

Backwerk

Apfelquarkkuchen mit Schmanddecke	104
Buttermilchkuchen – ein Tassenrezept	105
Gestürzter Kirschkuchen	106

Gewürzkuchen 107	Walnusstorte 135
Glühweinkuchen 108	Kartoffeltorte 136
Hefeschnecken 109	Kirsch-Krümeltorte 137
Hohenhaus Birnentarte 112	Mandarinen-Nuss-Torte 138
Inges Rotweinkuchen 113	Mohn-Preiselbeer-Torte 139
Kalter Hund 114	Nusstorte 140
Kaffeekuchen 115	Quark-Johannisbeer-Torte 141
Schmand-Joghurt-Schokoladen-Torte 116	Rhabarbertorte mit Cremehaube 142
Quarkkräppel 117	Schmandtorte mit Sauerkirschen 143
Schmandguss für Blechkuchen 117	Schneeweißchen und Rosenrot 144
Maikes Käsekuchen 118	Vanillejoghurt-Torte 145
Mohnkuchen auf dem Blech 119	Marzipanmakronen 146
Schokoladentarte 122	Weihnachtskuchen auf dem Blech 147
Zucchinischnitten 122	Knusprige Schokohügel 147
Waffeln mit geraspelten Äpfeln 123	Anitas Körnerplätzchen 150
Windbeutel 124	Apfelbrot für die Vorweihnachtszeit 151
Werra-Wellen 125	Kokosmakronen 151
Schneewittchen-Kuchen 126	Honigkuchen 152
Zwetschgenkuchen mit Sahnequarkhaube ... 127	Bernds Spritzgebäck 153
Apfelbiskuit mit Schokoguss 128	Kekse für jede Jahreszeit 153
Bratapfeltorte 129	
Baisertorte 130	**Bowlen, Liköre und Marmeladen**
Cocktail-Torte 131	
Gebackene Schmand-Mohn-Torte 132	Exoticbowle (mit Alkohol) 154
Gebackene Walnusstorte 133	Himbeerlikör 154

Aar-Dill · Ahrweiler · Ammerland · Bersenbrück · Blaubeuren · Dithmarschen · Düren-Jülich · Eckernförder Bucht · Eichsfeld · Elbe-Elster · Elbmarschen · Fehmarn · Fläming · Fuldaer Land · Gerauer Land · Göttingen · Grafschaft Bentheim · Griese Gegend · www.limosa.de · Grönegau · Herzogtum Lauenburg · Havelland · Helmstedt · Hildesheim · Hitzacker · Hochschwarzwald · Holsteiner Auenland · Holsteinische Schweiz · Höxter · Jeverland · Kaiserslautern · Kaiserstuhl/Breisgau · Kiel · Kinzigtal · Kyffhäuser · Land Hadeln · Lausitzer Seenland · Leer · Lüneburger Heide · Mallorca · Mansfeld-Südharz · Mecklenburgische Schweiz · Mittelmosel · Mittelweser · Naheland · Neckar-Enz · Neuburg-Schrobenhausen · Neuwied · Nordspessart · Nordwestmecklenburg · Oberallgäu · Odenwald · Oderbruch · Oder-Spree · Oldenburger Münsterland · Ostalb · Osterholz · Parchimer Land · Potsdam · Prignitz · Rheinhessen · Ronneburger Hügelland · Rotkäppchenland · **Die schönsten Seiten Deutschlands** · Rügen · Saale-Unstrut · Schwarzwald-Baar · Sigmaringen · Silbernes Erzgebirge · Spreewald · St. Wendeler Land · Stauferland · Steinburg · Stormarn · Südniedersachsen · Südschwarzwald · Teinachtal · Thüringer Rhön · Trierer Land · Tübingen · Uckermark · Unstrut-Hainich · Vogelsberg · Waldecker Land · Wendland · **Werra-Meißner** · Wesermarsch · Wittmunder Land · Wolfenbüttel-Salzgitter · Zossen

edition limosa

Kinder-Kirschbowle 156	Holunderblütenküchlein 172
Adventliche Kürbismarmelade 157	Holundersuppe mit Grießklößchen 173
Lenchens Kräuterlikör mit schwarzen Johannisbeeren 160	**Was es sonst noch gibt**
Marmelade mit Kürbis, Apfel und Orange 161	Bierbrot mit Röstzwiebeln 174
Waldmeisterbowle 162	Bärlauchpesto 175
Zwetschgenmus 163	Dicke Knöpfe 176
	Blätterteig-Schnecken 177
Holunder-Köstlichkeiten	Schmand-Meerrettich-Soße 177
Holunderbeer-Fruchtkompott 165	Hafer-Crunchy 179
Holunderbeerkuchen 166	Himbeersaft 180
Holunderblütengelee mit Apfelsaft 167	Eierstich 180
Holunderblütenlikör 168	Lachstorte 181
Holunderblütensirup 169	Pizza-Pesto-Sonne 182
Holunderblütenzucker 169	Pizzabrötchen 183
Holunderblütensekt 171	

Meißner Hüteschäferei Timmerberg
Bio-Lammfleisch • Felle und Wolle
Vorbestellung unter: 05604-7958

16 Premiumwanderwege zwischen Werra und Fulda

Naturpark Meißner-Kaufunger Wald

naturparkmeissner.de

Der Berg ruft – Kulinarisch durch's Jahr
Lassen Sie sich auf dem Hohen Meißner verwöhnen!

Café · Restaurant · Hotel
Berggasthof Hoher Meißner
Kurhessens höchster Gasthof 750m

Inh. Fam. Gröling –
seit über 100 Jahren in der heimischen Gastronomie tätig!

- frische, saisonale Produkte
- frisches Bio-Meissner-Lamm, Matjes oder Wild aus eigener Jagd
- wunderbare Aussicht über das Frau-Holle-Land
- zahlreiche kulinarische Varianten
- für alle Wünsche und jede Art von Feierlichkeiten stehen Ihnen Möglichkeiten zur Verfügung
- Anbindung an den Wanderweg P1 und die für Rollstuhlfahrer geeignete Wanderstrecke „Rebbes"

Berggasthof Hoher Meißner | Hoher Meißner 1 | Tel. 05602/2409
Sommeröffnungszeiten: Tägl. ab 11 Uhr | Montag ist Ruhetag | Rollstuhlgerecht! | www.berggasthof-hoher-meissner.de

Bildquellennachweis

Umschlag vorne: (M) Helga Kawe, (unten von links) Helga Kawe, Christoph Dahlmann, MTS, Harald Gorr;
Umschlag hinten: (von links) MTS, Klaus Gogler, MTS, Helga Kawe;

Seite 3: Edition Limosa; 4: (gr) Franziska Thiele; 5: (gr) Harald Gorr, (kl) Pressefoto des Landrates; 6: (gr) Marco Lenarduzzi, (kl) MTS ; 7: (kl) Helga Kawe; 8: (kl) MTS; 9: (kl) MTS; 10: (gr) Dr. Michaela Seifert, (kl) Ingrid Baum; 11: (gr) Dr. Michaela Seifert, (kl) Helga Kawe; 12: (gr) Ingrid Baum; 13: (kl) Ingrid Baum; 14: (gr) Ingrid Baum; 15: (kl) Ingrid Baum; 16/17: Dr. Michaela Seifert; 18: (alle) MTS; 19: (kl) MTS; 20: (gr) Helga Kawe; 21: (alle) Helga Kawe; 22/23: MTS; 24: (alle) Manfred Graf; 25: (alle) Klaus Gogler; 26: (gr) MTS; 27: (kl) MTS; 28: (gr) Helga Kawe; 29: (kl) Monika Dewath-Timmerberg; 30: (gr) Ingrid Baum; 31: (kl) Klaus Gogler; 32: (gr) Carl-Heinz Greim, (kl) Regina Kuhn; 33: (kl) Ingrid Baum; 34/35: Carl-Heinz Greim; 36: (alle) MTS; 37: (gr) Marco Lenarduzzi, (kl) MTS; 38: (gr) MTS, (kl) Dr. Michaela Seifert; 39: (alle) Helga Kawe; 40: (gr) Ingrid Baum, (kl) Ruth Dilling; 41: (gr) Ruth Dilling, (kl) MTS; 42/43: Carl-Heinz Greim; 44: (gr) MTS; 45: (alle) MTS; 46: (gr) Carl-Heinz Greim, (kl) MTS; 47: (alle) MTS; 48: (gr) MTS; 49: (gr) Ingrid Baum; 50: (gr) Klaus Gogler, (kl) MTS; 51: (gr) MTS, (kl) Helga Kawe; 52/53: Helga Kawe; 54/55: MTS; 56: (gr) MTS, (kl) Monika Dewath-Timmerberg; 57: (alle) MTS; 59: (gr) Dr. Michaela Seifert; 60: (gr) MTS; 61: (gr) Dr. Michaela Seifert; 62: (alle) Ruth Dilling; 63: (kl) Ruth Dilling; 64: (alle) Prinz Alexis von Hessen; 65: (gr) Klaus Gogler, (kl) Regina Kuhn; 66: (gr) Ruth Dilling; 67: (gr) Dr. Michaela Seifert; 68: (kl) MTS; 69: (gr) Ruth Dilling, (kl) MTS; 70: (gr) Helga Kawe; 71: (gr) Helga Kawe; 72: (kl) MTS; 73: (alle) MTS; 74: (kl) Ingrid Baum; 75: (kl) Ingrid Baum; 76: (alle) Ingrid Baum; 77: (alle) Ingrid Baum; 78: (kl) Hohenhaus, Pressefoto; 79: (kl) Hohenhaus, Pressefoto; 80: (gr) Ingrid Baum; 81: (kl) Ingrid Baum; 82: (kl) Ingrid Baum; 83: (gr) Ulrike Zindel; 84: (gr) Helga Kawe; 85: (gr) Helga Kawe; 86: (kl) Dr. Michaela Seifert; 87: (gr) Ruth Dilling; 88: (kl) MTS; 89: (gr) Marco Lenarduzzi; 90: (alle) MTS; 91: (gr) Ingrid Baum, (kl) MTS; 92: (kl) Ingrid Baum; 93: (gr) Monika Dewath-Timmerberg, (kl) Helga Kawe; 94: (kl) Christoph Dahlmann; 95: (alle) Christoph Dahlmann; 96: (kl) Dr. Michaela Seifert; 97: (gr) Helga Kawe, (kl) Dr. Michaela Seifert; 98: (gr) Helga Kawe, (kl) Ingrid Baum; 99: (kl) Ingrid Baum; 100: (gr) MTS; 101: (kl) Marco Lenarduzzi; 102: (kl) MTS; 103: (gr) Monika Dewath-Timmerberg, (kl) MTS; 104: (kl) Helga Kawe; 105: (alle) Helga Kawe; 106: (alle) Helga Kawe; 107: (alle) Helga Kawe; 108: (gr) Helga Kawe, (kl) Jürgen Bringmann; 109: (gr) Helga Kawe, (kl) Andrea Bringmann; 110: (gr) Dr. Michaela Seifert, (kl) Marco Lenarduzzi; 111: (kl) Dr. Michaela Seifert; 112: (kl) MTS; 113: (gr) Marco Lenarduzzi, (kl) MTS; 114: (alle) Ingrid Baum; 115: (gr) MTS, (kl) Ingrid Baum; 116: (kl) MTS; 117: (kl) Ingrid Baum; 118: (kl) Ingrid Baum; 119: (gr) Ingrid Baum; 120: (gr) Harald Gorr; 121: (gr) Klaus Gogler, (kl) Ingrid Baum; 122: (kl) MTS; 123: (alle) MTS; 124: (gr) Ingrid Baum; 125: (kl) Ingrid Baum; 126: (kl) Ingrid Baum; 127: (gr) Klaus Gogler; 128: (alle) MTS; 129: (gr) Helga Kawe, (kl) MTS; 130: (kl) Ingrid Baum; 131: (kl) Ingrid Baum; 132: (kl) Ruth Dilling; 133: (kl) Helga Kawe; 134: (kl) Monika Dewath-Timmerberg; 135: (gr) Monika Dewath-Timerberg; 136: (gr) Ingrid Baum; 137: (gr) Ingrid Baum; 138: (gr) Regina Kuhn; 139: (gr) MTS; 140: (gr) MTS, (kl) Dr. Michaela Seifert; 141: (gr) Ingrid Baum, (kl) Ingrid Baum; 142: (gr) Ingrid Baum, (kl) MTS; 143: (gr) Helga Kawe, (kl) Helga Kawe; 145: (kl) MTS; 146: (gr) Monika Dewath-Timmerberg, (kl) Dr. Michaela Seifert; 147: (kl) Helga Kawe; 148: (alle) Ingrid Baum; 149: (gr) Dr. Michaela Seifert, (kl) Ingrid Baum; 150: (gr) Klaus Gogler, (kl) Ingrid Baum; 151: (kl) Ingrid Baum; 152: (alle) Ingrid Baum; 153: (kl) Ingrid Baum; 154: (kl) Ingrid Baum; 155: (gr) Ingrid Baum; 156: (gr) Helga Kawe, (kl) Dr. Michaela Seifert; 157: (gr) Jürgen Bringmann, (kl) Dr. Michaela Seifert; 158: (gr) Klaus Gogler, (kl) Ingrid Baum; 159: (gr) Klaus Gogler, (kl) Ingrid Baum; 160/161: Dr. Michaela Seifert; 162: (alle) Ingrid Baum; 163: (gr) Helga Kawe, (kl) Ingrid Baum; 164: (kl) Ingrid Baum; 165: (gr) Dr. Michaela Seifert; 166: (alle) MTS; 167: (alle) MTS; 168: (alle) MTS; 169: (kl) MTS; 170: (kl) Carl-Heinz Greim; 171: (gr) Monika Dewath-Timmerberg, (kl) MTS; 172: (alle) Helga Kawe; 173: (alle) Helga Kawe; 174: (gr) Dr. Michaela Seifert, (kl) Klaus Gogler; 175: (gr) Helga Kawe, (kl) Klaus Gogler; 176: (alle) Ingrid Baum; 177: (kl) Helga Kawe; 178: (kl) MTS; 179: (gr) MTS, (kl) Ingrid Baum; 180: (alle) Ingrid Baum; 181: (alle) Klaus Gogler; 182: (gr) Helga Kawe, (kl) Ingrid Baum; 183: (alle) Ingrid Baum; 184: (kl) Axel Demandt; 185: (gr) Marco Lenarduzzi, (kl) Bärbel Stahr;

MTS = Martina Thiele-Sommerlade